★★★★★ 이 책에 쏟아지는 찬사

우리 시대의 가장 큰 영적 과제는 다음 세대를 믿음의 세대로 양육하는 것입니다. 그러나 구체적으로 무엇으로 어떻게 시작해야 하느냐는 아직도 오리무중입니다. 그런데 이번에 최규명 목사님께서 큰 일을 하셨습니다. 저는 다음 세대의 부흥에 진지한 관심을 가진 많은 분들이 이 책을 읽고 헌신함으로 이 땅의 다음 세대가 다시 비상하는 것을 보고 싶습니다. 그래서 다음 세대에 진지한 관심을 가진 모든 분들에게 이 책을 강추하는 바입니다.

_ 지구촌교회 원로목사 **이동원**

최규명 목사님은 한마디로, 그리고 좋은 의미로 미친 사람입니다. 최 목사님이 어린이 전도에 미쳐 한국 어린이전도협회 원주지회에서 사역하면서 어린이 전도 바람을 일으키더니, 이제는 한발 더 나아가 한국 교회의 미래를 생각하는 일에 미쳤습니다. 그러나 분명히 한 가지 일에 미친 사람을 통해 역사는 발전하며, 한 가지 일에 미치는 사람만이 아무도 생각해 내지 못한 일을 해 내는 법입니다. 이 책을 강력하게 추천하는 이유는, 한국 교회의 미래가 어린이 전도에 있다는 정확한 통찰력과 함께 이 문제를 어떻게 극복할 수 있는가에 대한 깊은 고민과 구체적 방안이 담겨 있기 때문입니다. 이 책을 통해 교회학교가 활성화되고 더 나아가 한국 교회의 미래가 밝아질 것을 확신합니다.

_ 부산장신대학교 총장 **최무열**

『교사여, 다음 세대에 날개를 달아라!』는 저자의 어린이 사역 현장 경험을 담은 생생한 이야기다. 여기에는 어린이 전도의 현장에서 26년을 한결같이 복음을 전하며 교사 교육에 헌신해 온 과정이 고스란히 담겨 있다. 또한 원리를 충실하게 선포하고 설명하며 붙잡아야 할 뼈대를 정확히 알게 해 준다. 뿐만 아니라 그저 이론에 그치지 않고, 그 이론을 접목해 적용할 사역의 포인트까지 찾아 주고 점검하게 한다. 사역 현장에서의 간증을 통해 잔잔한 감동과 도전을 주는 것은 물론이다.

하나님의 일하심을 경험한 그는 다음 세대를 향한 빚진 자의 마음으로 이제 이 책을 선보인다고 한다. 그동안의 사역 노하우를 통해 교회학교와 교사들에게 다음 세대를 향한 대안을 제시하는 저자는 다음 세대 사역의 안내자이자 응원가이다.

다음 세대를 위해 기도하는 분들께,
다음 세대를 하나님의 세대로 세우기 위해 헌신하는 교사들에게,
다음 세대를 위해 무릎 꿇는 목회자들에게 이 책을 추천한다.

어린이 및 청소년 세대를 위해 헌신하는 사역자들의 아름다운 흔적이 이 책을 통해, 또한 사역의 열매를 통해 세상에 선한 영향력으로 드러나길 소망해 본다.

_ 분당우리교회 담임목사 **이찬수**

아이들이 없는 가정과 사회 그리고 국가는 한 세대가 지나면 서서히 역사의 무대에서 사라질 것이다. 그런데 오늘날 교회에서 다음 세대의 주역인 우리 아이들이 점점 줄어들고 있어서 향후 20-30년 뒤 하나님의 교회를 지탱하고 지상사명을 성취해야 하는 위대한 과업에 심각한 균열이 생기고 있다. 이것은 한국 교회가 세계 복음화를 위해 바통을 넘겨 줄 영적 후계자를 잃어버리는 것과 같은 것이다. 이 얼마나 하나님 앞에 죄송하고 송구한 일인가? 이러한 난국에 다음 세대를 예수님처럼 영접하고 그리스도의 복음으로 그들을 살리며 그리고 그들의 미래에 투자하는 일은 21세기에 현존하는 지상 교회에 주어진 위대한 사명이다.

사랑하는 동역자인 최규명 목사는 어린이전도협회 원주지회 대표로서 어린이 사역에 목숨을 걸고 다음 세대를 살리기 위해 지난 26년간 달려 왔다. 그는 이 시대에 위기라고 하는 교회학교의 현실을 돌파하기 위해 어린이 전도에 전념해 왔으며, 수많은 집회와 세미나에서 피를 토하듯이 다음 세대를 일으키는 일의 중요성을 선포하고 그들을 살리는 일에 대한 대안을 제시해 왔다. 이제 그의 온 삶으로 외치던 것을 『교사여, 다음 세대에 날개를 달아라!』로 열매를 맺게 되어 너무나 기쁘게 생각한다.

이 책은 다음 세대의 부흥에 대한 교회학교의 고민 탈출 해법서로서 "왜, 다음 세대인가?"란 물음에 성경적이며 예지적인 통찰을 주고 있다. 또한 "어떻게?"라는 물음에도 현장 경험적이며 실천적인 선명한 답을 제시하고 있다. 바라기는 이 책이 교회의 새로운 부흥을 꿈꾸며 지상사명을 완수하기 위해 다음 세대를 살리기를 원하는 교회학교 리더들과 교사들에게 명쾌하고 확실한 부흥 지침서가 되었으면 한다.

_ 한국어린이전도협회 대표 **조정환**

우리 미래에 소망이 없다면 소망 없는 다음 세대가 존재하기 때문입니다. 그런 까닭에 오랜 시간 동안 다음 세대를 위한 사역에 모든 것을 바쳐온 최규명 목사님의 책에는 놀라운 비밀이 숨겨져 있습니다. 단지 책을 읽기만 하여도 그 오랜 세월을 만나게 될 것이고 교사는 어떤 삶을 살아야 하는지 그 비밀을 찾게 될 것입니다.

_ 꿈이있는교회 담임목사 **하정완**

책에는 저자의 인생과 삶의 가치가 담겨 있다고 생각합니다. 한결같은 마음으로 어린이 사역을 해 오신 최규명 목사님은 이런 기대에 어긋나지 않게 훌륭한 일을 이루셨습니다. 교회교육의 기본 원리로부터 시작해서 교회교육의 핵심인 사람에 대한 이해, 교사를 향한 도전, 아울러 교회학교 사역을 효과적으로 이끌기 위한 전략적 부분까지 가장 중요한 이슈들을 잘 소개하고 있습니다. 이 책이 한국 교회교육에 새로운 도전이 되기를 기대하면서 기쁨으로 일독을 권합니다.

_ 친구들교회 담임목사, 합동신학대학원 교수 **김만형**

"누가 주의 마음을 알아서 주를 가르치겠느냐?"(고전 2:16). 안다고 다 행하는 것이 아니며 기회가 주어졌다고 모두가 누릴 수 있는 것은 아닌 법. 이 땅의 운명이 다음 세대에게 달려있음을 모르는 이 없고 자녀 양육이 평생의 대사임을 모르는 이 없다. 그럼에도 우리는 하나님의 마음을 품고 그들을 섬기기에는 너무도 분주한 시대에 살고 있다. 그러한 중에 주의 부르심에 순종하여 한길을 달려온 저자가 귀한 책을 내게 되었다. 노방에서 강단, 가정에서 학교에 이르기까지 현장에서 함께 뛰며 고민하며 연구한 저자가 펴낸 글이기에 살아 있는 실제 지침이 될 수 있어 귀한 도구가 될 것이다.

_ 순회선교단 대표 **김용의**

교사여, 다음 세대에 날개를 달아라!

**교사여, 다음 세대에
날개를 달아라!**

ⓒ **생명의말씀사** 2011

2011년 10월 25일 1판 1쇄 발행
2022년 1월 27일   9쇄 발행

펴낸이 | 김창영
펴낸곳 | 생명의말씀사

등록 | 1962. 1. 10. No.300-1962-1
주소 | 서울시 종로구 경희궁1길 6 (03176)
전화 | 02)738-6555(본사) · 02)3159-7979(영업)
팩스 | 02)739-3824(본사) · 080-022-8585(영업)

지은이 | 최규명

기획편집 | 정순화, 김지혜
디자인 | 박인선, 최윤창
인쇄 | 영진문원
제본 | 보경문화사

ISBN 978-89-04-12144-1 (03230)

저작권자의 허락없이 이 책의 일부 또는 전체를
무단 복제, 전재, 발췌하면 저작권법에 의해 처벌을 받습니다.

교사여, 다음 세대에 날개를 달아라!

최규명 지음

미래는 아이들의 손에 달려 있고, 아이들은 교사들의 손에 달려 있다.

생명의말씀사

프롤로그 /
다음 세대, 포기할 수 없는 이유!

몇 년 전 강원도 철원에 집회를 갔을 때 어느 교역자가 내게 이런 질문을 했다.

"목사님은 왜 교회 목회를 안 하시고 20년이 넘도록 어린이 사역에만 전념하십니까?"

나는 이 질문에 여러 가지 대답을 할 수 있지만, 크게 두 가지로 요약하면 다음과 같다.

내가 어린이 사역에만 전념하는 가장 큰 이유는 '어린이전도협회'를 통해 받은 은혜가 너무 크고 많기 때문이다. 1995년 신대원을 졸업할 무렵, 어린이전도협회에서 전임으로 함께 사역하자는 초청이 있었다. 나는 사역의 미래를 위해 주님 앞에 엎드리지 않을 수 없었다. 다른 동료 사역자들도 각자의 진로를 선택하여 가고 있던 때였다. 당시 나는 공부를 더해야 할지, 개척을 해야 할지, 부교역자로 더 있어야 할지, 어린이 사역을 해야 할지 등을 놓고 생각을 정리하지 못한 채 주님께 기도하기 시작했다.

"주님 어떻게 해야 합니까?"

이 질문에 주님이 다시 내게 이렇게 되물으시는 것 같았다.

"너는 어디서 은혜를 많이 받았니?"

"너는 어디서 배웠니?"

"너는 어떻게 해서 이렇게 쓰임 받게 되었니?"

모든 질문의 대답은 "어린이전도협회"였다. 꼭 '백문일답'이 진행되는 듯 했다.

그것은 사실이었다. 고등학교를 졸업할 무렵 어린이전도협회를 만나 내 인생이 바뀌었다. 많은 교육과 훈련을 받은 후 나는 교회와 사역 현장 그리고 신학교에서 다음 세대를 위해 전도하고 어린이 부흥회나 교사 교육 등으로 쓰임 받을 수 있게 되었다. 내가 여기까지 오게 된 것은 모두 하나님의 은혜지만, 어린이전도협회가 없었다면 이렇게 쓰임 받을 수 있었을까? 내가 주님을 위해 일한 것이 아니었다. 나는 어린이전도협회를 위해 봉사하고 섬긴 것이 아니라, 주님께서 나를 인도하셔서 어린이전도협회에 붙어 있을 수 있었던 것이다. 마치 포도나무의 가지처럼 어린이전도협회에 붙어 있었더니 하나님의 놀라운 은혜를 경험하게 하셨다.

내가 어린이 사역에 전념하는 또 한 가지 이유는, 다음 세대를 이끌어가는 사역자만이 누릴 수 있는 변화의 감동 때문이다. 다음 세대에게 선한 영향을 끼치면 반드시 그들에게 변화의 역사가 나타나게 된다. 이처럼 오고 오는 다음 세대가 하나님 나라와 영광을 위해 어떤 사람이 되어 어떤 위치에 있게 될지 모르기 때문에, 어린이 사역은 무엇과도 바꿀 수 없는 복된 사역인 것이다. 그 어떤 직분이 이런 감동을 누릴 수 있단 말인가!

나는 1987년부터 교회 전도사를 하며 일찍 사역에 발을 내딛었다. 그리고 26년 넘게 교회와 어린이전도협회 사역을 하면서 수많은 교사들이 비전을 보고 도전 받고 헌신하는 모습을 보아 왔다. 또한 수많은 어린이들이 은혜 받고 변화하는 모습도 목격했다. 우리의 작은 헌신이 그들에게 직간접으로 영향을 끼치며 주님의 나라를 든든히 세우는 일에 귀하게 쓰임 받게 되는 것을 보았다. 이것은 말할 수 없는 축복이 아닐 수 없다.

다음 세대의 영혼들은 복음과 사랑을 통해 변화와 성장이 가능하다. 때문에 교사는 참으로 중요한 사람이다. 한 사람의 교사가 아이들의 일생에 영향을 미치고, 이 아이들이 얼마든지 하나님 나라에 위대한 인물이 될 수 있으니 말이다. 때문에 우리의 비전은 다음 세대의 주역들을, 오병이어를 드렸던 아이처럼 주님을 위해 쓰임 받는 위대한 인물로 키우는 것이다.

미래는 아이들의 손에 달려 있고,
아이들은 교사들의 손에 달려 있다.

교회와 다음 세대의 부흥을 꿈꾸며……
최규명 목사

THE NEXT GENERATION

프롤로그 / 다음 세대, 포기할 수 없는 이유! // 4

01 다음 세대를 위한 교육

1. 가장 먼저 4가지를 준비하라 // 13
2. 교육의 목표는 변화다 // 20
3. 다양성 속의 통일성 유지 // 25
4. 변화를 위한 창의적 교육 // 29
5. 기독교 교육의 핵심 // 35

02 다음 세대의 부흥 원리

1. 교회의 원형을 추구하라 // 45
2. 신앙 계승의 가치를 알라 // 49
3. 말씀을 약화시키지 말라 // 56
4. 전도로 승부하라 // 63

03 다음 세대와 아이들

1. 우리 아이들은 누구인가? // 75
2. 하나님께 쓰임 받은 아이들 // 81
3. 사랑 = 시간 + 물질 // 86
4. 모든 성도는 교사다 // 92

04 다음 세대와 교사

1. 교사에게 꼭 필요한 영성 // 103
2. 주님이 부르신 교사 // 109
3. 성경이 말하는 교사 // 114
4. 신앙과 실력을 업그레이드하라 // 122
5. 교사로서의 자부심을 가지라 // 130

05 다음 세대와 소그룹

1. 너무 소중한 소그룹 예배 // 139
2. 소그룹 활동이 키워드다 // 144
3. 소그룹의 5가지 핵심가치 // 148
4. 사랑으로 사랑을 가르치다 // 156
5. 새소식반에 오신 걸 환영합니다 // 164

06 다음 세대를 살리는 요소

1. 다음 세대를 살리기 위한 기도 // 173
2. 다음 세대를 살리기 위한 관계 // 180
3. 다음 세대를 살리기 위한 목표 // 186
4. 다음 세대를 살리기 위한 공동체 // 192
5. 다음 세대를 살리기 위한 분반 // 198
6. 다음 세대를 살리기 위한 상담 // 203

에필로그 / 교사여 일어나라! // 211

THE NEXT GENERATION

/ 01 /

다음 세대를 위한 교육

01
가장 먼저 4가지를 준비하라

이 책은 교사를 위한 책입니다. 지금부터 교사가 어떻게 바로 서야 할지, 다음 세대를 위해 교회가 어떻게 아이들을 교육해야 할지를 하나하나 짚어 가며 생각해 보고자 합니다. 본격적인 교사 교육에 앞서, 가장 기초가 되는 중요한 전제를 살펴보겠습니다. 말씀을 통해 교사가 어떤 사람이어야 하는지를 먼저 이해하기 바랍니다.

너희는 내게 배우고 받고 듣고 본 바를 행하라 그리하면 평강의 하나님이 너희와 함께 계시리라(빌 4:9).

이 말씀은 하나님에 대해 배우고, 받고, 듣고, 본 바를 행하면 하나님이 우리와 함께하시겠다는 약속의 말씀입니다. 평강의 하나님이 함께하시면 기쁨이 넘칩니다. 평강의 하나님이 함께하시면 은혜가 넘치고 감격과 감동이 넘칩니다. 평강의 하나님이 함께하시면 우리에게 자원하는 마음이 생겨서 기쁨으로 주의 일들을 감당할 수 있습니다. 억지로 주님의 일을 하면 있던 은사와 능력마저도 없어집니다. 하지만 기쁨으로 그 일들을 감당하면 평강의 하나님이 우리와 함께하시므로 없었던 은사도 계발됩니다.

주님이 힘을 주시면 밤을 새도 피곤치 않은 은혜를 덧입을 수 있습니다. 이 모든 것이 바로 평강의 하나님이 우리와 함께하시기 때문입니다. 요컨대 그분께서 우리와 함께하시느냐 혹은 안 하시느냐, 그것이 문제인 것입니다.

교사는 기본적으로 행하는 사람입니다. 공과를 가르치고 찬양을 인도하고 여러 가지 프로그램을 이끄는 사람입니다. 그래서 많은 사람들이 교사나 지도자로 세워지면 여러 일을 '행하느라' 분주해집니다. "전도하자, 양육하자, 봉사하자, 헌신하자, 섬기자" 등은 모두 행함에 관한 말씀입니다.

빌립보서를 보니, 하나님도 '행하라'고 말씀하고 계십니다. 그러나 이런 행함에는 전제가 있습니다. 다음의 4가지, 곧 배우고, 받고, 듣고, 본 바를 행해야 한다는 것입니다. 그러면 평강의 하나님이 함께해 주신다고 약속하셨습니다. 준비 없이 그냥 전도할 때, 준비 없이 그냥 양육할 때, 그냥 봉사하고, 그냥 헌신할 때는 평강의 하나님이 우리와 함께하실 수 없는 것입니다.

교사의 행함에 관한 4가지 전제 조건의 첫 번째는 바로 '배우는 것'입니다. 먼저 "너희는 내게 배우고"라고 말씀하십니다. 잘 배우는 교사, 잘 훈련 받는 성도가 주님 앞에서 크게 쓰임 받습니다. 그러나 많은 교사들이 배우기를 꺼려합니다. 스스로 많이 안다고 생각하기 때문입니다. 하지만 잘 배우는 사람에게 가능성이 있습니다. 잘 배우는 사람이 순종할 수 있고, 크게 쓰임 받을 수 있는 것입니다.

저는 여러분 모두가 다 잘 배울 수 있기를 축복합니다. 우리는 열심히 그리고 평생 배워야 합니다. 배워서 가르칠 때, 배워서 양육할 때, 배워서 전도할 때 성령님이 일하십니다. 배움은 일하는 자신에게도 은혜가 됩니다. 배운 사람의 메시지를 통해 역사가 일어나고, 변화와 부흥이 일어납니다. 그러기에 우리는 먼저 배우는 교사가 되어야 합니다.

두 번째는 '받는 것'입니다.

이 '받고'라는 단어는 배우는 단계보다 조금 더 깊은 단계로 나아감을 가리킵니다. 바로 내 것으로 소화시킨다는 뜻입니다. 그래서 나의 언어로 말하는 것입니다. 내가 먼저 말씀과 공과와 찬양과 활동을 내 것으로 완전히 소화하고, 스스로가 그 말씀으로 인해 은혜와 감동을 받아서 선포할 때 역사가 일어납니다. 내가 먼저 받지 않고, 내가 먼저 소화하지 않았는데 어떻게 그 메시지가 능력 있게 전파될 수 있겠습니까?

내가 먼저 받지 않고 전한 메시지는 절대로 영혼의 변화를 일으킬 수 없습니다. 그것은 단순한 지식의 전달로 그칠 뿐입니다. 지식 전달은 기적과 부흥은커녕, 듣는 이들의 마음을 감동시키지도 못합니다. 내가 먼저 받았던 그 말씀, 그 은혜가 전달될 때 비로소 변화와 기적, 부흥이 일어나는 것입니다.

그러므로 교사들은 매주마다 '받는 훈련'을 해야 합니다. 아이들에게 전달하기 전에 내가 먼저 공과를 준비하고 소화해야 합니다. 그 말씀을 통해 내가 먼저 은혜와 감동을 받아야 합니다. 그럴 때 메시지가 더욱 힘 있게 아이들에게 전달됩니다. 교사 자신도 소화하지 못한 메시지를 증거하면, 그것은 아무 능력 없는 메시지일 수밖에 없습니다.

찬양도 마찬가지입니다. 우리가 함께 부르는 그 찬양들이 바로 내 자신의 고백이 담긴 찬양이 될 때 은혜가 임합니다. 찬양을 잘 부르고 못 부르는 것은 두 번째 문제입니다. 마음 깊은 곳에서부터 진심으로 찬양을 부르고 감동을 느끼면, 첫사랑이 회복되고 사명을 발견하게 될 것입니다. 이처럼 먼저 받을 수 있는 사람을 통해서 하나님은 놀라운 일을 행하십니다. 평강의 하나님은 그러한 사람과 함께하십니다.

세 번째 전제 조건은 '잘 듣는 것' 입니다.
주님은 "너는 내게 배우고 받고 듣고"라고 말씀하십니다. 이처럼 교사는 잘 듣는 사람이어야 합니다. 먼저 그는 하나님의 음성을 잘 들어야 합니다. 양은 목자의 음성을 안다고 했습니다. 마찬가지로 우리는 어떤 것이 하나님의 음성인지 잘 알아듣는 교사가 되어야 합니다. 우리가 순종하지 못하는 이유는 그분의 말씀을 잘 듣지 못하기 때문입니다. 그분의 말씀을 잘 들으면 순종할 수 있습니다.

다음에는 아이들의 목소리를 잘 들어야 합니다. 헨리 나우웬은 자신의 책에서 "예수님의 온몸이 귀였다"라고 말했습니다. 참 교사이신 예수님처럼 상대방을 지켜보고 그와 대화하고 교제하면서 그 사람의 필요가 무엇인지를 발견하는 것이 바로 잘 듣는 것입니다. 교사들에게는 이런 민감성이 있어야 합니다.

무엇보다 교사는 아이들의 필요를 들어야 합니다. 그래야 그 필요에 맞춰 가르칠 수 있고, 문제를 해결할 수도 있으며, 그를 위해서 기도할 수 있고 축복할 수 있는 교사가 될 수 있는 것입니다. 이런 교사야말로 하나님과 아이들에게 기쁨을 줄 수 있습니다.

마지막 네 번째는 '잘 보는 것' 입니다.

잘 보는 사람은 하나님의 비전을 깨닫는 사람, 우리를 향한 하나님의 놀라운 뜻을 알 수 있는 사람을 가리킵니다. 우리와 교회를 통해서 하나님이 이루고 싶어 하시는 그 놀라운 뜻과 비전을 잘 '보고' 사역하는 사람이 바로 잘 보는 사람입니다. 이처럼 비전을 잘 보고 사역할 때, 그 사역에 부흥이 있습니다.

비전을 본다는 것은 미래를 보는 것입니다. 비록 지금은 말썽꾸러기 아이들이라 할지라도 미래에는 하나님이 그 아이들을 멋지게 사용하시리라는 놀라운 사실을 기대하고 바라보아야 합니다. 또 우리를 향한 하나님의 놀라운 비전을 보아야 합니다. 천국을 본 사람과 보지 못한 사람의 가르침에는 확실히 차이가 있지 않겠습니까? 그러므로 우리는 하늘나라의 소망을 확실히 가지고 천국을 바라보며 가르치는 교사가 되어야 합니다.

이처럼 비전을 보고 아이들을 가르친다면 절대 소홀히 가르칠 수 없을 것입니다. 이 아이가 하나님의 영광을 위해서 쓰임 받는 사람이 될 텐데, 하나님이 이 아이에게 비전을 품고 계신데, 어떻게 건성으로 가르칠 수 있겠습니까?

교사된 우리는 하나님의 진리의 말씀을 확실히 배우고, 받고, 듣고, 보아야 합니다. 이 점을 염두에 두고서 행할 때, 그리고 말씀을 배우고 받고 듣고 본 다음에 가르치고 전도하고 양육하고 봉사할 때, 평강의 하나님은 우리와 함께해 주실 것입니다.

부디 배우지 않은 채, 받고 듣고 보지 않은 채 그냥 행하지 맙시다. 준비하지 않고 그냥 봉사하지 맙시다. 그러면 힘이 없습니다. 낙심됩니다. 금방 주저앉고 맙니다. 기쁨과 감격, 능력과 지혜 또한 없습니다. 일하기 전에, 사역하기 전에, 공과를 하기 전에, 찬양을 지도하기 전에, 아이들의 활동을 인도하기 전에 내가 먼저 주님 앞에 배우는 사람으로, 받는 사람으로, 잘 듣는 사람으로, 잘 보는 사람으로 세워져야 합니다. 그럴 때 평강의 하나님이 함께하시는 놀라운 축복을 누리게 될 것입니다.

02
교육의 목표는 변화다

교회는 아이들을 잘 가르치려고 애씁니다. 교사들도 아이들을 교육하려고 고군분투합니다. 이 과정에서 교육 목표를 점검하는 일은 대단히 중요합니다. 목표 없이 가르치면 허공을 치는 교육이 되기 때문입니다.

> 너희는 이 세대를 본받지 말고 오직 마음을 새롭게 함으로 변화를 받아 하나님의 선하시고 기뻐하시고 온전하신 뜻이 무엇인지 분별하도록 하라(롬 12:2).

교육의 목표는 바로 변화입니다. 기독교 교육 역시 변화를 위해서 하는 것입니다. 믿지 않는 영혼들을 교육하면서는 우리가 가르치는 이 복음을 통해서 그리스도인이 되는 '변화'를 기대하게 됩니다. 또한 믿음의 사람들을 교육하면서는 주님께서 원하시고 기뻐하시는 뜻대로 성장하고 성숙되는 과정의 '변화'를 기대합니다. 요컨대 기독교 교육은 변화를 위한 가르침, 변화를 위한 섬김인 것입니다. 성경학교를 하는 이유, 예배를 드리는 이유, 말씀을 전하는 이유도 모두 변화 때문입니다.

그러므로 '우리가 무엇을 많이 준비했는가?'는 중요하지 않습니다. '변화'라는 분명한 목표를 세우고 그것을 추구하고 나간다면 우리 아이들은 반드시 영적으로 변할 것입니다. 더불어 교회도 새롭게 변화되리라 생각합니다.

만약 아이들의 삶에 변화가 없으며 말씀에 순종하고 실천하려는 적용 과정이 없다면 우리의 가르침에 문제가 있는 것입니다. 따라서 우리의 가르침이 진정으로 아이들의 필요를 잘 채워 주고 있는가를 따져 볼 필요가 있습니다. 우리는 아이들을 잘 섬겨야 할 뿐만 아니라 아이들이 우리의 가르침을 잘 듣고 있는지도 돌아보아야 합니다. 교사의 가르침을 아이들이 잘 이해하고 있는지, 잘 배우고 있는지, 또 배운 내용들을 삶 가운데 실천하고 있는지 점검해 봐야 합니다.

가장 먼저 점검할 것은 아이들의 필요입니다. 아이들의 필요와 우리의 가르침이 서로 맞는지 점검해야 합니다. 예를 들어 아이는 A라는 필요가 있어서 고민하고 있는데 교사가 계속해서 B를 강조하면 서로 맞지 않는 것이지요. 그러므로 지도하는 교사는 아이들의 모습을 바라보고 기도하면서 그들의 필요가 무엇인지, 또 오늘 말씀을 통해 그 필요를 채웠는지 등을 점검해 봐야 합니다. 그럴 때에 아이들은 변하게 됩니다. 아이들의 필요를 알고 그 필요를 채워 줄 때 좋은 교육, 좋은 가르침을 줄 수 있으며 그를 통해 아이들이 변화되는 놀라운 축복이 있을 것입니다.

두 번째로 점검해야 할 것은 가르치는 태도입니다. 아름다운 내용이 담긴 비디오테이프를 기계에 넣고 플레이 버튼을 누르면 내용이 재생됩니다. 그것을 보면 내용도 이해할 수 있고, 감동을 받을 수도 있습니다. 하지만 빨리 감기 버튼을 누르면 어떻습니까? 내용이 재생되긴 하지만 감동을 느끼지 못하고 내용 파악 또한 제대로 하지 못하게 됩니다. 교육에 있어서도 이런 일이 벌어질 수 있습니다. 따라서 내 말이 잘 전달되고 있는지, 혹시 빨리 감은 테이프처럼 공허하게 울리는 건 아닌지 점검해 보아야 합니다.

무엇보다 가장 중요하게 점검해야 할 것은 가르침의 내용입니다. 혹시 한 주에 너무 많은 내용을 가르치는 것은 아닙니까? 너무 많은 진리를 가르치면 아이들은 배우지 못합니다. 헷갈릴 수밖에 없습니다.

교회에서는 많은 교육을 하고 있지만, 때때로 아이들은 너무 많은 내용을 한꺼번에 배워서 혼란스러워 합니다. 예배가 끝나고 아이들에게 "오늘 뭐 배웠니?"라고 물어 보면 선뜻 말을 못하는 아이들이 대다수입니다. 물론 배운 것에 대해 말하는 아이들도 있습니다. 그런데 그 내용이 아이들마다 제각각이라 대체 무엇을 가르친 건지 느낌이 오지 않습니다. 너무 많이 가르쳐서 그렇습니다. "기도해라, 봉사해라, 전도해라, 헌신해라, 순종해라, 사랑해라." 물론 다 좋은 말이고 귀한 말이지만 한꺼번에 소화할 수 없을 만큼 많은 양을 가르치면 변화를 끌어낼 수 없습니다. 실천할 수 없기 때문입니다. 너무 많은 내용을 한꺼번에 주입하려고 하다 보면 아이들은 소화를 하지 못한 채 얹히고 맙니다.

그러므로 우리는 오늘 내가 가르칠 교육의 핵심 진리가 무엇인지 파악하고, 그것을 강조해야 합니다. 분명한 초점을 갖춘 핵심적인 교육으로 그들에게 그 내용을 전해야 합니다. 가르칠 핵심 내용을 붙잡고 아이들을 잘 섬길 때, 아이들이 그것을 듣고 삶 가운데 실천해서 변화를 일으킬 수 있는 것입니다.

사역을 하다 보면 한 주에 하나를 가르치는 것도 너무 많다고 느낄 때가 있습니다. 때로는 한 달에 한 주제도 많은 것 같습니다. 그렇다면 중요한 한 가지 주제를 정한 다음, 1년에 걸쳐 계속 그 부분을 두드릴 때 아이들의 삶 가운데 평생 잊을 수 없는 진리가 마음속에 새겨지지 않을까요? 그럴 때 변화가 일어나지 않을까요?

아이들이 아동부 6년, 중·고등부 6년 동안 교회에 다니면서 하나님이 누구신지를 분명히 알고 그 주님을 마음속에 모시고 살아간다면, 대학생이 되어서도 교회를 떠나지 않고 믿음 가운데 거하며 주님을 섬길 것입니다. 그러므로 교사는 분명한 주제를 갖고 예배에 임하는 자세가 필요합니다.

많든 적든 아이들은 매주 일정한 시간을 교회에서 보내고 있습니다. 그러나 그들이 아무리 우리와 함께 시간을 보낸다 해도, 배우지 않으면 마음속에 기억하는 것이 없을 것이고 변화가 일어나지도 않을 것입니다. 그러므로 배움이 제대로 이루어지고 있는지를 점검하여, 아이들이 변화하는 교육 목표를 이루길 기도합니다.

03
다양성 속의 통일성 유지

앞에서도 언급했듯이 교육의 목표는 변화입니다. 이 변화를 위해서는 우리가 가르치는 내용들이 아이들에게 잘 전달되어야 합니다. 그렇다면 어떻게 해야 효과적으로 가르침을 전달할 수 있을까요? 그 중요한 원리 중 하나로, 저는 다양성 속의 통일성 교육을 제안합니다. 변화는 한 가지를 깊이 있게 배울 때 일어납니다. 모든 다양한 활동 속에서 통일성 있는 주제를 분명하게 정하고 아이들을 가르칠 때, 아이들이 그 내용을 기억하고 변화를 일으킬 수 있는 것입니다. 이 통일성 교육이야말로 아이들에게 변화를 일으킬 수 있는 아주 중요한 포인트입니다. 즉 한 가지만 가르치는 것입니다.

다양한 프로그램을 진행하더라도 전달하려는 주제는 하나여야 합니다. 그날의 프로그램들이 이 주제를 강조하고 있어야 합니다. 이를 위해서는 교사들이 먼저 오늘 주제를 한 문장으로 말하고 쓸 수 있어야 합니다. 오늘의 핵심 가르침이 무엇인지 알고 있어야 한다는 것입니다. 많은 내용을 아우르는 핵심적인 주제를 기억하여 단순한 진리로 선포해야 하는데, 어린이전도협회(Child Evangelism Fellowship Inc.)에서는 이것을 핵심 가르침(Main Teaching), 약자로는 M.T라고 말합니다. 바로 이 핵심적인 진리 하나를 강조하여 가르치는 것이 중요합니다.

여기서 잠깐, 어린이전도협회(C.E.F)에 대해 짧게 설명하겠습니다. 어린이전도협회는 주님의 말씀으로부터 어린이 사역의 중요성을 깨닫고 세계 어린이 선교의 최전방에서 일하고 있는 초교파적 선교 단체입니다. 국제 어린이전도협회는 1937년 미국 일리노이 주에서 고(故) 오버홀처 목사(The Late Rev. J. Irvin Overholtzer)에 의해 설립되어 미국에 그 본부를 두고 있으며, 현재 세계 177개국에서 2,500명 이상의 전임 사역자들이 어린이를 그리스도께 인도하기 위하여 사역하고 있습니다.

한국에는 1957년 런시포드(Nancyford) 여사가 소개했고, 존 쿡(Rev. John Cook and Lois Cook-한국명:구요한) 선교사에 의해 본격적으로 어린이 선교 사역이 시작되었습니다. 이후 서울에 본부를 두고 전국 주요도시에 46개 지회를 세웠으며, 270여 명의 전임 사역자들이 활발하게 사역하고 있습니다. 이렇게 해서 현재 전국 46개 지회를 통해 매년 약 40만 명의 아이들에게 복음을 전하고 있으며, 15만 여명이 결신한 가운데 10만 여명의 교사들과 지도자들을 훈련하고 있습니다. 이처럼 어린이전도 협회는 교회와 함께 마지막 어린이 한 명에까지 복음을 전하겠다는 일념으로 열심히 달려가고 있습니다. 더불어 어린이전도협회 원주지회는 1985년부터 사역을 시작하여, 현재 27년째 지역교회와 협력해 어린이들을 주님께로 인도하며 교사들을 훈련하는 일에 최선을 다하고 있습니다.

다시 돌아가, 핵심 가르침인 M.T를 통해 아이들을 가르친다는 것이 무엇인지 구체적으로 설명해 보겠습니다. 요컨대 예배 시간에 찬양할 때나 기도할 때, 말씀을 전할 때나 분반공부를 할 때, 그리고 그 밖의 어떤 활동을 할 때도 한 가지 핵심 주제가 흘러야 한다는 뜻입니다. 예배의 사회를 보는 교사도 오늘의 교육 목표와 그 주제를 분명히 알고 강조할 수 있어야 합니다. 그럴 때 비로소 그 예배를 통해서 아이들이 삶의 변화를 경험할 수 있습니다.

예를 들어서 '사랑'이라는 주제를 아이들에게 심어 주려 한다고 생각해 봅시다. 그런데 찬양할 때는 아이들이 즐거워하는 찬양을 선택해서 먼저 몇 곡 부릅니다. 기도도 날마다 하는 똑같은 기도를 그냥 합니다. 설교도 재미있는 성경 본문을 중심으로 반복합니다. 한편 분반공부 때는 전혀 다른 내용의 활동을 합니다. 이렇게 되면 아이들이 '사랑' 이라는 핵심 내용을 받아들일 수 없습니다.

'사랑' 이라는 주제로 예배를 드릴 때는 모든 프로그램의 초점이 사랑에 맞춰져야 합니다. 찬양을 할 때도 사랑에 대한 찬양을 선곡해야 합니다. 기도할 때도 사랑에 대해서 같이 기도할 수 있습니다. 말씀과 분반 활동에서도 사랑에 초점을 맞추어 예배드려야 합니다. 그러면 아이들이 자연스레 사랑을 배울 것이고, 기억하여 마음에 새길 것이며, 나아가 삶 가운데 사랑의 실천자가 될 것입니다. 이런 삶의 변화가 바로 교육의 목표입니다.

만약 예배가 끝난 뒤 아이들이 내가 오늘 무엇을 배웠는지 분명히 기억할 수 있고 그것을 말할 수 있고 글로 써 볼 수 있다면, 그 말씀이 아이의 삶 속에 새겨진 것입니다. 그러면 변화에 이를 수 있습니다. 그 주제를 기억하여 가정에서 또 학교에서, 학원에서 삶 가운데 적용할 수 있다면 변화에 이를 수 있습니다. 실천하는 아이가 될 수 있습니다. 요컨대 주제가 무엇인지를 분명히 알고 가르치는 통일성 있는 교육이야말로 아이들의 심령 속에 뿌리내릴 수 있는 가르침인 것입니다.

그러므로 우리의 가르침 속에 목표를 분명히 할 수 있는 변화, 그 변화를 위해서 다양성 속에 통일성을 강조하는 교육을 해야 합니다. 이로써 우리 아이들에게 많은 변화가 일어날 수 있기를 축복합니다.

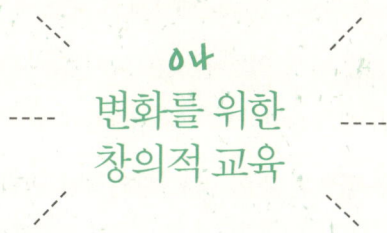

04
변화를 위한 창의적 교육

 지금까지는 교회에서 여러 가지 다양한 활동을 해야 하지만 주제는 한 가지로 통일하여 교육해야 변화를 일으킬 수 있다고 말씀드렸습니다. 그런데 이렇게 하려면 창의적인 교육이 반드시 필요합니다.
 어린이 사역의 가장 본질적인 토대는 복음입니다. 그러나 "복음이 좋은 것입니다", "말씀이 귀한 것입니다", "예수님 사랑은 너무 감격스러운 것입니다"라고 말한다고 해서 아이들이 눈만 뜨면 "오 주님, 예수님" 하며 일주일 내내 묵상할까요? 그런 아이들은 많지 않습니다. 그러기에 우리의 사역에는 창의적인 방법이 반드시 필요합니다. 이는 비본질적이지만 어린이 사역에 있어서 아주 중요한 부분입니다.
 '예수 천당'이 틀린 말은 아니지만, 다짜고짜 그 말만 외쳐서는 안 됩니다. 아이들이 들을 수 있도록 맛있게 요리를 해서 줘야 합니다. 아이들에게 '예수 천당'만을 외치는 것은 마치 밀가루를 먹으라고 주는 것과 같습니다. 밀가루로 맛있는 자장면을 만들어서 줘야 합니다. 자장면을 만드는 데 필요한 것이 바로 창의적인 사역입니다. 아이들은 진부한 것에서 지루함을 느낍니다. 창의성이 없기 때문입니다. 이는 어른들도 마찬가진데, 보통 뻔한 이야기는 듣지 않으려 합니다.

하나님은 창의적인 분이십니다. 하나님의 속성은 놀랍습니다. 하나님의 방법도 놀랍습니다. 세계의 모든 사람들을 보십시오. 하나님은 사람을 똑같이 만들지 않으시고 제각각 독특하고 다르게 만드셨습니다. 그래서 시편 기자는 하나님이 지으신 것을 보고 "신묘막측하다!"(시 139:14 개역한글판)라고 말하고 있습니다. 하나님이 이처럼 다양한 모습으로 이 세상을 창조하신 창의적인 분이시라면, 우리의 가르침에도 창의성이 있어야 하지 않겠습니까?

창의적인 교육은 '본질을 실어 나르는 도구'입니다. 창의적인 가르침은 포장에 비유할 수 있습니다. 물론 포장은 본질이 아닙니다. 비본질입니다. 그러나 그것은 본질에 대해 기대감을 갖게 하고, 본질을 잘 받아들이게 합니다. 포장이 형편없는 선물을 한번 생각해 보십시오. 내용물은 너무 좋은데, 포장이 형편없어서 기대도 하지 않고 심지어 뜯어보지도 않는다면 어떻겠습니까? 그러므로 주님이 주신 이 귀한 복음, 주님이 가르치라고 명령하신 이 귀한 사명을 우리는 창의적인 방법으로 전해야 합니다. 잘 포장해서 승부할 때 그 안에 있는 내용물인 복음이 잘 전달될 수 있습니다. 이처럼 잘 포장된 말씀을 받아들인 아이들은 자기도 모르는 사이에 변화될 것입니다.

그렇다면 어떻게 해야 창의적인 교육을 할 수 있을까요? 먼저는 교사가 철저히 준비하고, 기도하고, 생각해야 합니다. 그래야 좋은 작품이 나옵니다. 그러므로 아이디어를 구하십시오. 지혜를 구하십시오. 하나님이 주실 것입니다. 틀림없습니다. 교사라면 반드시 사역을 위해서 고민해야 합니다. 아이들을 가르치기에 앞서 먼저 고민해야 하며, 예배를 잘 드리기 위해서 묵상하고 생각하며 잘 준비해야 합니다.

가장 창의적인 방법은 하나님 앞에 기도할 때 하나님께서 주시는 것입니다. 야고보서 1장 5절 말씀은 이렇게 말씀하고 있습니다.

너희 중에 누구든지 지혜가 부족하거든 모든 사람에게 후히 주시고 꾸짖지 아니하시는 하나님께 구하라 그리하면 주시리라.

이처럼 지혜가 부족하여 주님 앞에 구하면, 하나님이 주신다고 하셨습니다. 또한 철저한 준비가 필요합니다. 예를 들어 아이들과 분반공부를 하다가 "아차, 이거 집에 있는 거 보여 줄 걸" 하는 마음이 든다면 준비를 안 했다는 겁니다. 만약 철저히 계획성 있게 준비한 교사라면, '이 말씀을 전할 때 이 자료를 사용하면 좋겠구나. 이때는 이런 예화를 말해 주면 아이들이 쉽게 이해하겠구나' 라고 생각해 실행했을 겁니다.

두 번째로 창의적인 사역을 하려면 즐겁게 사역해야 합니다. 한번 자신을 돌아보십시오. 사역할 때 즐겁게 하십니까, 지겹게 하십니까? 기본적으로 교회 생활은 즐거워야 합니다. 교사라는 생활이 즐거워야 합니다. 즐거운 마음으로 사역하면 기쁨과 은혜가 넘치고, 자원하는 마음이 생기며 은사 또한 계발됩니다. 밤을 새도 즐거운 것입니다. 왜냐하면 자신이 좋아하는 일이기 때문입니다.

제가 많은 집회와 사역으로 인해 지쳤을 거라 생각해서 집회 요청을 할 때 걱정하시는 분들이 간혹 있습니다. "목사님, 바쁘실 텐데 괜찮으시겠어요?" 이렇게 물어오는 겁니다. 저는 그분들이 이렇게 배려해 주시는 게 너무 감사합니다. 그러나 저는 사실 하나도 안 바쁘고 하나도 안 피곤합니다. 오히려 너무 행복합니다. 저 같은 사람을 하나님께서 하나님 나라의 사역자로 세우시고 복음 전하는 자로 이끌어 주셨다는 것이 감격스럽기 때문입니다.

집회나 세미나를 하면서 수많은 아이들과 귀하신 교사들을 만날 때면 이런 감격이 되살아납니다. 그때마다 저는 이것이 최대의 축복이라고 생각하게 됩니다. 말씀을 전하고 변화를 목격할 때마다 '이런 특권

이 어디 있나?' 하고 오히려 감사하게 되는 것입니다. 그래서 그런지 집회를 다녀오면 밤늦게 귀가하는 경우가 많은데, 그 다음날도 평소와 다름없이 같은 시간에 일어납니다. 마음에 기쁨이 가득하니까 몸도 피곤하지 않은 것입니다. 그러나 억지로 하게 되면 기쁨이 사라지고, 능력도 사라집니다. 얼마 못 가서 사역을 중단하게 될지도 모릅니다. 그러나 즐거운 마음으로 사역하면 하나님께서 창의적인 방법의 아이디어를 주십니다. 기쁨으로 사역할 때 하나님께서 감동을 주십니다. 부디 '주님이 나를 교사로 세웠구나' 라는 생각이 우리 교사들의 마음에 가득 차길 그리고 그 감격으로 기쁨이 충만하길 바랍니다.

세 번째로는 공부해야 합니다. 아이들에 대해 공부하십시오. 책을 통해서, 강연을 통해서, 아이들과 직접 교제하고 관계를 맺으면서 아이들에 대해 배우십시오. 아이들의 수준과 눈높이를 알아야 그에 맞게 창의적으로 접근할 수 있습니다. 아이들을 살피고 그들에게 가장 좋은 환경을 만들어 주십시오. 우리가 하는 이 방법이 아이들의 눈높이에 맞는지 돌아보아야 합니다.

아이들을 지도하고 섬기는 모든 과정을 떠올려 보십시오. 정말 교회학교 예배가 아이들의 눈높이에 맞는 예배인지, 아이들이 그 예배에 잘 참여할 수 있는지, 그 설교가 들리는지, 선곡한 곡이 아이들에게 맞는 찬송인지, 이 주보가 아이들의 눈높이에 맞는지 등을 생각해 보십시오. 아이들의 눈높이에 맞춰서 창의적인 방법으로 접근하는 것은 교육에 있어서 아주 중요한 요소입니다.

예배와 설교뿐만 아니라 기도, 사회, 분반, 활동, 게임까지 모든 것을 점검해 보십시오. 아이들 수준에 맞습니까? 마이크, 음향, 환경, 온도, 장식, 조명 등은 어떻습니까? 이 모두가 아이들의 수준에 맞습니까? 이 모든 것이 아이들의 수준에 맞을 때 교육의 효과는 극대화됩니다. 아이들이 마음껏 예배하고 찬양할 수 있는 교육 환경이 마련된다면 아이들이 주님 앞에 더욱 영광을 드러내는 삶을 살게 될 것입니다.

한편 맡은 역할이 무엇이든지 그 역할을 창의적으로 감당하고자 애써야 합니다. 사회를 보는 교사라면, 아이들을 하나님께로 이끌 수 있는 리더십을 갖추기 위해 기도하고 연구해야 합니다. 설교를 맡은 교사라면, 말씀을 가장 효과적으로 가르칠 수 있도록 기도하고 연구해야 합니다. 간식을 맡은 교사라면, 그날의 주제를 잘 드러내며 아이들이 즐겁게 먹을 수 있는 간식을 마련하도록 연구해야 합니다.

이처럼 창의적인 방법으로 접근할 때 많은 아이들이 기대감을 갖고 마음 문을 열 수 있습니다. 부디 복음을 전달하기 위한 창의적인 방법을 위해 기도로 준비하고, 모든 사역을 기쁨으로 감당하기 바랍니다. 그럴 때에 하나님께서는 더 놀라운 기쁨과 감격이 있도록 지혜와 은사를 우리에게 주실 것입니다.

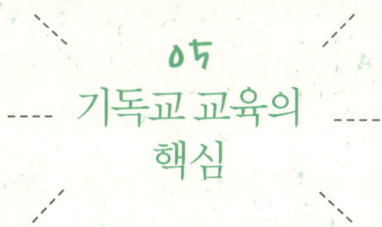

05
---- 기독교 교육의 ----
핵심

　누가복음 15장에는 3가지 비유가 나옵니다. 그 첫 번째는 '잃어버린 양의 비유' 입니다. 백 마리 양 중에서 한 마리를 잃은 목자가 양을 찾아나선다는 말씀입니다. 목자가 잃어버렸던 양 한 마리를 찾았을 때 얼마나 기뻐합니까?

　주님이 그 첫 번째 비유를 통해서 주시고자 하신 놀라운 메시지는 "이와 같이 죄인 하나가 회개하면 회개할 것이 없는 의인 아흔아홉을 인하여 기뻐하는 것보다 더 하다"는 것입니다. 이 말씀을 어린이 사역에 비추어 해석해 봅시다. 바로 교사를 통해서 어린이 한 명이 주님 앞에 돌아왔을 때, 하나님은 그것을 보시고 기뻐하신다고 말씀하고 계십니다.

두 번째 비유는 '드라크마 비유'입니다. 10개의 드라크마를 가졌던 여인이 하나를 잃어버렸습니다. 그러자 그 여인은 등불을 켜고 온 집 안을 쓸며 잃어버린 드라크마를 찾았습니다. 이 또한 죄인에 대한 비유입니다. 예수님은 이 비유 뒤에 "죄인 하나가 회개하면 하나님의 사자들 앞에 기쁨이 되느니라"라고 덧붙이십니다.

세 번째 비유에서 탕자가 돌아왔을 때도 마찬가지입니다. 탕자가 돌아왔을 때 기뻐하던 그 아버지의 모습을 떠올려 보십시오. 아버지는 "이 아들은 내가 잃었다가 찾았고 죽었다가 살아난 것이다. 그러니 이 아이를 기뻐하는 것이 마땅하다"라고 말하면서 기뻐합니다. 하나님이 기뻐하시는 일, 천사가 기뻐하는 일은 바로 영혼 구원입니다. 영혼 구원이야말로 성경에서 강조하며 주님이 원하시는 참다운 내용입니다.

그렇다면 잃어버린 영혼이 어떻게 구원 받을 수 있을까요? 가장 근본적으로는 주님의 은혜로 구원 받을 수 있습니다. 바로 이 구원의 은혜를 알 수 있도록 우리 교사들은 가르쳐야 합니다. 그러면 교육을 통해서 믿지 않는 영혼들이 예수님을 믿게 되는 변화를 일으키고, 이미 믿는 영혼들은 더 주님을 갈망하고 회복하는 변화가 나타날 것입니다. 요컨대 '변화가 있으려면 반드시 교육을 받아야' 합니다.

이때에는 '배우게 하는 전략'이 있어야 합니다. 교사가 잘 가르쳐서 학생들이 잘 배울 수 있도록 해야 합니다. 배우게 하는 전략을 펼치려면 우선 교사가 아이들을 직접 만날 수 있는 기회가 있어야 합니다. 그런 다음 간접적으로 기도를 통해 영향을 끼치든지 아니면 직접 예배를 통해, 말씀을 통해, 찬양을 통해, 활동 프로그램을 통해 예수님을 만나도록 하는 것이 배우게 하는 전략입니다. 이처럼 배우게 하는 과정 없이 변화란 있을 수 없습니다. 기독교 교육의 목표인 변화를 위해서는 배움의 전략이 반드시 있어야 합니다.

그런데 교회 현장을 보면 어린이들이 많은 교육을 받고 있음에도 그 내용을 잘 받아들이지 못하는 경우가 있습니다. 그렇다면 우리 아이들이 잘 받아들이도록 도와주어야 하지 않겠습니까? 아무리 좋은 내용도 받아들이지 않으면 변화가 일어나지 않습니다. 교육의 효과를 기대하려면 먼저 교사가 똑바로 준비해야 하고, 아이들에게는 사모하는 마음이 있어야 합니다.

그러나 아이들은 우리 마음대로 어찌할 수가 없습니다. 예배 시간에 피곤해서 잠을 자는 아이를 우리가 어찌하겠습니까? 대신 교사인 우리가 아이들이 흥미롭게 배우고 집중할 수 있도록 교재와 보조 자료를 준비하고, 영혼 사랑하는 열정을 가진다면 아이들은 호기심을 갖고 가르침 속으로 빠져들 것입니다. 요컨대 문제는 아이들이 아니라 배움 속으로 초대하지 못하는 교사에게 있다는 것입니다. 기독교 교육의 목표인 변화를 위해서는 교사들이 잘 준비해야 합니다.

그렇다면 배움의 전략에서는 먼저 무엇을 배워야 할까요? 무엇이 믿지 않는 영혼을 믿게 하고 미지근한 마음을 주님을 갈망하는 마음으로 바꾸게 할까요?

그것은 바로 복음입니다. 교회학교 교육에서 가장 중요한 것이 바로 복음입니다. 복음을 심어야 새 생명이 시작되기 때문입니다. 다시 말해 복음을 심어야 변화가 시작되는 것입니다. 그런데 많은 교사들이 복음을 전할 줄 모릅니다. 1년 동안이나 함께 말씀을 배웠는데, 그 교사를 통해서 우리 아이들이 예수님을 만나지 못했다면 어떻게 되겠습니까? 우리는 복음에 정말 약한 교사들이 아닙니까? 부디 기억하십시오. 복음이 있어야만 능력이 나타납니다. 예레미야애가 4장 3-4절은 이렇게 탄식합니다.

> 들개들도 젖을 주어 그들의 새끼를 먹이나 딸 내 백성은 잔인하여 마치 광야의 타조 같도다 젖먹이가 목말라서 혀가 입천장에 붙음이여 어린 아이들이 떡을 구하나 떼어 줄 사람이 없도다.

이스라엘 백성이 포로로 잡혀갈 때 아이들은 길거리에 버려져 있었습니다. 더군다나 길을 헤매는 그 아이들에겐 먹을 것조차 없었습니다. 예레미야는 이스라엘 백성이 들개보다 못한 것을 탄식합니다. 더불어 말씀에 등장하는 타조는 참 어리석은 동물이라고 합니다. 알을 품고 있다가 위험이 오면 알을 놔두고 그냥 도망가기 때문입니다. 그런데 영적으로 우리가 타조 같은 교사는 아닙니까? 우리 아이들이 복음에 목말라서 애타하는데 그 목마름을 채워 주지 못하고 있지는 않습니까? 오늘, 우리는 예레미야와 같은 안타까움으로 아이들을 바라보아야 합니다. 그리고 우리 아이들에게 복음의 떡을 주어야 합니다.

　베드로가 사람들에게 복음을 증거했을 때, 수천 명이나 되는 사람들이 회개하며 주님께로 돌아왔습니다. 그 이유는 그 메시지의 핵심이 예수 그리스도의 십자가와 부활이었기 때문입니다. 다시 말하지만 성경의 핵심은 예수 그리스도입니다. 복음입니다. 구약 성경은 오실 예수에 대해서 말해 주고 있으며, 신약 성경은 오신 예수에 대해서 말하고 있습니다.
　요컨대 성경 전체는 오직 예수님에 대한 말씀인 것입니다. 그러므로 우리는 예수 그리스도를 아이들에게 우리의 입술로 증거하고 교육을 통해서 나타내야 합니다. 그럼으로써 아이들이 주님을 만나는 역사가 있게 될 것입니다. 그래야만 주님이 원하시는 참다운 부흥을 이룰 수 있습니다.
　우리의 모든 교육 내용에는 십자가 부활, 예수 그리스도가 반드시 있어야 합니다. 여러분들이 아이들에게 하나님의 진한 사랑을 증거했던 때가 언제였습니까? 아이들에게 십자가의 보혈과 부활의 능력을 증거했던 때가 언제였습니까? 찬양할 때나 기도할 때나 말씀을 증거할 때나 분반공부를 할 때나 상담할 때, 언제 어디서든 하나님의 사랑을 그리고 예수 그리스도의 보혈과 복음을 증거하는 여러분이 될 수 있기를 축복합니다.

어린이전도협회의 프로그램은 복음 전도에 초점이 맞춰져 있습니다. 우리는 어떻게 예배 중에 복음을 선포하는지, 어떻게 찬양 중에 복음을 선포하는지를 교사들에게 가르쳐 줍니다. 그 한 가지 예로, 크리스마스 파티 전도를 살펴보겠습니다.

어린이전도협회에서는 매년 크리스마스를 전후해서 '크리스마스 파티 전도'를 합니다. 성탄절이 가까워오면 예쁜 초청장을 만들어 동네에 다니면서 아이들을 초대합니다. 그 다음에는 아이들을 자기 집에 불러 모아 함께 노래를 부르며 파티를 하는 것입니다. 이 파티에서 해야 할 게임, 노래, 이야기 등을 담은 교재는 어린이전도협회에 마련되어 있습니다. 따라서 미리 이 내용을 훈련 받은 다음 아이들을 초대하시면 됩니다. 이것은 아이들의 눈높이에 맞춰 예수님을 소개하는 아름다운 프로그램입니다.

크리스마스는 많은 매상을 올릴 수 있어서 백화점 직원이 좋아하는 날이 아닙니다. 산타 할아버지를 기다리면서 많은 사람들이 즐기는 날도 아닙니다. 바로 우리를 구원하시기 위해서 이 땅에 오신 예수님을 묵상하는 날입니다. 이런 날, 아이들에게 복음을 전해 줄 수 있다면 세상에서 가장 복된 크리스마스가 될 것입니다.

  기억하십시오. 복음을 전하는 교사, 영혼을 주 앞에 인도하는 아름다운 교사를 주께서 기뻐한다는 사실을!

THE NEXT GENERATION

/ 02 /

다음 세대의
부흥 원리

01
---- 교회의 원형을 ----
추구하라

우리는 모두 교회의 부흥을 꿈꿉니다. 왜냐하면 교회가 그리스도의 몸이기 때문입니다. 이처럼 몸된 교회는 머리되신 그분에 의해서 움직여져야 합니다. 교회가 계속해서 성장하고 부흥되는 것은 마땅한 일입니다. 이 시대의 교회들이 주께서 기뻐하시는 참다운 교회로 성장한다면 얼마나 좋겠습니까?

다음 세대의 교회도 건강하게 부흥시키려면 다음 세대의 사역 방향을 먼저 살펴보아야 할 것입니다. 교회의 건강한 부흥이야말로 주께서 원하시는 참다운 부흥이기 때문입니다. 이때 건강한 부흥이란 균형 잡힌 교회가 되는 것을 말합니다.

그럼 어떻게 해야 다음 세대가 건강해질까요? 어떻게 하면 우리 교회학교가 아름답게 성장할 수 있을까요? 다음 세대가 건강하게 부흥하는 교회와 다음 세대 사역을 일구려면 무엇을 준비해야 할까요?

첫 번째, 교회의 원형을 추구해야 합니다. 그리고 두 번째, 다음 세대를 향해 온 성도들이 올바른 철학과 가치관을 지녀야 합니다. 세 번째, 말씀을 약화시키지 않고 강단을 강화시켜야 합니다. 마지막으로 네 번째는 전도를 통해 계속해서 정면승부하는 것입니다. 이 4가지가 두루 잘 준비됐을 때, 하나님께서 기뻐하실 만한 건강한 부흥을 일으킬 수 있습니다. 그럼 먼저 첫 번째 방법인 '교회의 원형을 추구하라'를 살펴보겠습니다.

어떤 대장장이가 있었습니다. 그 대장장이는 훌륭한 솜씨로 말굽을 만들었습니다. 그의 기술을 한 제자가 열심히 배웠습니다. 그러던 어느 날, 스승 대장장이가 제자에게 말굽 하나를 샘플로 내주며 말했습니다.

"내가 다녀올 때까지 이것과 똑같은 말굽 100개를 만들어라."

"네, 스승님."

스승이 떠나자, 제자는 열심히 말굽을 만들기 시작했습니다. 땀을 뻘뻘 흘리며 쉬지 않고 열심히 만들었습니다. 드디어 그는 100개를 다 만들었습니다. 약속한 시간이 되자 스승이 다시 돌아왔습니다.

"어디 네가 만든 말굽을 한번 가져와 보거라."

제자는 자랑스럽게 말굽 100개를 내놓았습니다. 그런데 이게 어찌 된 일일까요? 말굽의 크기와 모양이 제각각인 게 아닙니까.

"왜 이렇게 제각각이냐?"

제자는 고개를 갸웃거리며 대답했습니다.

"스승님이 주고 가신 말굽을 그대로 대고 만들었는데, 이상합니다."

어떻게 이런 일이 벌어진 걸까요? 이 제자가 샘플을 보고서 첫 번째 말굽을 만들고, 첫 번째 것을 갖고 두 번째 것을 만들고, 두 번째 것을 갖고 세 번째 것을 만들고, 세 번째 것을 갖고 네 번째 것을 만들었기 때문입니다. 처음에는 비슷하게 만들었다고 생각했지만 3,40개쯤 가서는 전혀 엉뚱한 모양이 나온 것이지요.

이 이야기는 많은 것을 생각하게 해 줍니다. 원형이 아닌 모델을 좇아가는 것이 얼마나 위험한지, 얼마나 엉뚱한 길로 빠질 수 있는지를 잘 보여 주는 것입니다. 그래서 우리는 원형을 좇아가야 합니다. 어떤 교회는 빠르게 성장하는 다른 교회를 본받으려고 합니다. 그 교회의 성장 세미나에 참석하고 그 교회의 시스템을 도입합니다. 그러나 이 땅에 있는 어떤 교회를 본받는 것은 위험한 일입니다. 교회를 구성하는 사람과 교회가 걸어온 역사가 같지 않은데, 어떻게 다른 교회의 사례를 그대로 도입할 수 있겠습니까?

그러므로 우리는 성공한 어떤 교회를 따라하고 추구할 것이 아니라 성경에서 말하는 그 교회, 초대교회에서 말했던 그 교회를 추구하고 따라가야 합니다. 주께서 이 땅 가운데 오셔서 죽으시고 부활하시고 성령께서 임하신 후에 세워진 초대교회를 추구해 나가야 합니다. 성령께서 임하셨던 그 교회야말로 하나님께서 기뻐하시는 참다운 교회이기 때문입니다.

02 신앙 계승의 가치를 알라

> 그 세대의 사람도 다 그 조상들에게로 돌아갔고 그 후에 일어난 다른 세대는 여호와를 알지 못하며 여호와께서 이스라엘을 위하여 행하신 일도 알지 못하였더라(삿 2:10).

이 이야기는 성경에서 가장 비극적인 이야기입니다. 이전 세대는 예수를 잘 믿고 하나님을 섬겼는데, 그 다음 세대는 하나님을 알지 못하고 하나님이 역사하셨던 것도 모르는 비극적인 일이 일어날 수 있음을 성경이 기록하고 있습니다. 그러나 우리 세대보다도 다음 세대에 더 큰 부흥의 역사가 일어나야 하지 않겠습니까? 그러려면 교회가 다음 세대를 향한 마음을 가져야 합니다. 교회의 온 성도들이 다음 세대를 향한 뜨거운 열정과 마음을 가질 때, 그 교회에 미래가 있는 것입니다.

따라서 이 장에서는 교회 부흥의 두 번째 원리인 '신앙 계승의 가치'를 살펴보겠습니다.

어린이 사역을 하다 보면 교사들이 열심을 내는데도 부흥에 한계가 있는 것을 보게 될 때가 있습니다. 그러나 담임목사님을 시작으로 온 교회 성도들이 어린 영혼들을 향한 신앙 계승의 가치를 알며 그에 합당한 마인드를 가지고 있으면 그 교회가 힘을 얻고 다음 세대가 부흥하는 모습을 보게 됩니다. 즉, 교회가 어린이를 소중히 여기는 분위기, 다음 세대를 아끼는 분위기, 그들을 칭찬하고 격려하는 분위기일 때 자라는 아이들이 미래의 일꾼으로 성장하는 것입니다.

제가 몇 년 전 집회를 인도하면서 알게 된 충남 천안의 G교회가 있습니다. 총 3번 집회를 갔었는데, 어린이집회 이름이 바로 '미래 지도자 초청잔치'였습니다. 어린이들을 단순히 어린이로만 보지 않고 미래 지도자로 여긴다는 뜻입니다. 이처럼 집회 제목만 봐도 그 교회의 비전과 철학을 알 수 있었습니다. 실제로도 담임목사님에서부터 성도들에 이르기까지 온 교회가 다음 세대 사역에 비전을 갖고 집중하는 모습을 볼 수 있었습니다.

일례로 이 교회에서는 중·고등학교 학생들도 보조 교사를 시키고 있었습니다. 그래서 교회학교를 담당하는 교사는 보조교사를 포함해 총 800명이 넘었습니다. 이 숫자는 교회 임원의 1/2 정도로, 앞으로의 목표는 첫째는 전체 임원이 교사가 되는 것이고 둘째는 청장년부의 세례교인 이상이 교사가 되는 것이라고 했습니다.

더욱이 어린이 집회 때 주차장에 차량이 너무 많아서 깜짝 놀라 물어 보았더니 성도들이 교회에 올 때마다 동네 아이들을 차에 태우고 오느라 그렇다고 했습니다. 자녀들의 친구라든가 아는 분의 아이들이라든가, 그것도 아니면 동네 아이들을 전도한다든가 해서 아이들 모두를 자기 차량에 태워 예배에 참석한다는 것입니다. 기억하기로 당시 1부부터 3부까지 교회 본당에서 초청 잔치를 했는데 3부까지 모인 숫자가 무려 3,700명 정도였습니다. 제가 가 본 교회 중에서 어린이들이 가장 많이 모인 교회였습니다.

또 G교회에서는 교회학교 운영에 무학년 제도를 도입하고 있었습니다. 무학년 제도란 나이와 학년을 초월하여 전도하면 그 반이 되는 체제를 가리킵니다. 그중 어떤 반은 학생의 숫자가 30명 넘는 반도 있었습니다. 들어 보니 매주 아침 일찍 모여 기도하고 교사들이 직접 학생들을 데려오고 있다고 했습니다.

이 교회는 지방에 있는 교회임에도 불구하고 교회학교 학생들이 매주 2,000명씩 모일 뿐만 아니라 다음 세대에 소망을 두고 그 일에 전 교인이 마음을 합해 하나님의 일꾼들을 양육하고 있었습니다. 참으로 은혜로운 모습이었습니다. 이는 비단 교회에 국한된 이야기만은 아닙니다. 나라와 민족이 정치, 경제, 문화, 예술 모든 분야에서 다음 세대에 소망을 품고 영혼들을 지도할 때 다음 세대에 소망이 있는 것입니다.

> 이는 우리가 들어서 아는 바요 우리의 조상들이 우리에게 전한 바라 우리가 이를 그들의 자손에게 숨기지 아니하고 여호와의 영예와 그의 능력과 그가 행하신 기이한 사적을 후대에 전하리로다 (시 78:3-4).

우리도 믿음의 선배로부터 복음을 들었기에, 예수님을 믿고 하나님을 섬길 수 있었습니다. 마찬가지로 다가오는 다음 세대의 영혼들은 우리를 통해서 복음을 들어야 합니다. 여호와의 영예와 그 능력과 기이한 사적을 이전 세대가 후대에 증거할 때, 다음 세대가 하나님을 섬기고 제2의 부흥 역사의 주역들이 되는 것입니다.

이처럼 세대를 통해 전승되는 믿음은 마치 육상의 계주와 같습니다. 한 사람이 출발하면 운동장 반대편에서 다음 선수가 기다리고 있습니다. 먼저 출발한 선수가 다음 선수에게 바통을 건네주고, 다음 선수는 바통을 이어받아 열심히 뜁니다. 그리고 그 역시 기다리는 다음 선수에게 바통을 넘겨줍니다.

이렇게 계주 선수들이 바통을 이어받고, 또 다음 선수에게 바통을 전해 주며 결승점을 향해서 열심히 뛰는 것처럼, 하나님의 복음도 세대를 넘어 전달되어야 합니다. 이전 세대가 순교의 정신으로 헌신하고 봉사하고 충성을 다하여 복음의 바통이 우리에게까지 왔다면, 우리도 다음 세대의 영적 부흥을 위해서 기도하며 열정을 쏟아야 합니다. 그럴 때 다음 세대에 우리 세대보다 더 큰 부흥이 일어날 수 있습니다.

21세기 사탄의 전략은 무엇일까요? '교회에 나오지 마라, 예수 믿지 마라.' 물론 이런 유혹도 있겠습니다. 그러나 '나만 잘 믿자, 자녀들은 신경 쓰지 마라, 공부해야 한다' 와 같은 유혹이 더 활개를 치고 있습니다. 그러나 이래서는 미래에 소망이 없습니다. 다음 세대가 망하고 말 것입니다. 나만 믿는 게 아니고, 다음 세대를 위해서 온 교회 성도들이 집중하고 투자해야 합니다. 그럴 때 다음 세대의 미래에 소망이 생깁니다. 무너지는 영국과 유럽의 교회를 생각해 보십시오. 한국 교회 또한 텅텅 비고 노인들만 앉아 있는 교회가 될 수 있습니다. 부디 기억하십시오. 아이들이 교회의 소망입니다.

현대 선교의 아버지라고 불리는 윌리엄 캐리를 파송했던 영국 네스트의 윌리엄 캐리 기념교회는 벌써 30여 년 전에 이방종교 사원이 되었습니다. 우리나라의 대동강에서 순교를 당한, 토마스 선교사를 파송했던 영국의 토마스 기념 하노버교회는 몇 년 전까지 2명의 노인만이 허물어져 가는 교회를 지키고 있다가 현재는 교회가 없어졌다고 합니다. 다른 많은 교회들도 술집이나 무슬림 사원이 되고 있습니다. 이처럼 다음 세대를 살리지 않으면 위험합니다. 지금의 모습만 보고 잘 된 다고, 평안하고 행복하다고 생각하면 안 됩니다. 우리는 다음 세대를 위해서 더 많은 생각과 더 많은 투자와 더 많은 열정을 쏟아야 할 것입니다.

외국을 다녀 보면 나라 곳곳에 '코카콜라'가 있습니다. 잘사는 나라에서도 못사는 나라에서도 찾아볼 수 있습니다. 미국, 뉴질랜드, 캄보디아, 태국, 인도, 필리핀, 심지어는 북한에도 코카콜라가 있었습니다. 이렇게 많은 사람들이 코카콜라를 알고 있는데, 왜 그 회사는 지금도 수많은 돈을 들여서 광고를 하는 것일까요? 바로 지금 이 순간에도 아이들이 태어나고 있기 때문입니다. 복음도 마찬가지입니다. 우리가 다음 세대에게 복음을 전하지 않고 그들을 영적으로 소중히 여기지 않는다면 미래는 어두워질 것입니다.

여러 교회를 다니며 집회를 하다 보면 아이들이 함께 모여서 복음을 듣고 예수님을 영접하며 결단하고 헌신하는 장면을 많이 보게 됩니다. 바로 이 아름다운 모습 속에 다음 세대의 소망이 있습니다. 누가 뭐라고 해도 영혼들이 복음을 받을 수만 있다면 미래는 소망이 있는 것입니다.

매년 여름과 겨울, 어린이 캠프를 할 때면 그 많은 아이들이 하나님을 찬송하고 말씀에 "아멘" 하며 결단을 합니다. 특히 캠프 마지막 날

밤 집회 때 헌신 초청을 하면 모든 아이들이 다 강단 앞에 나와서 내 몸을 주께 드리겠다고 엎드리곤 합니다. 아이들이 주님 앞에 결단하고 헌신하는 그 아름다운 모습 속에 한국 교회의 미래와 소망이 있습니다.

우리 모두가 "다음 세대를 향한 우리의 사명은 다음 세대를 더 많이 섬기고 더 많이 세우는 것"임을 부디 인식하길 바랍니다. 그렇게 할 때 우리 세대보다 다음 세대에 더 큰 부흥이 일어날 것입니다.

03
말씀을
약화시키지 말라

다음 세대를 위한 사역에서는 하나님의 말씀이 굉장히 중요합니다. 따라서 이 장에서는 교회 부흥의 세 번째 원리인 '말씀'에 대해 살펴보겠습니다.

> 하나님의 말씀은 살아 있고 활력이 있어 좌우에 날선 어떤 검보다도 예리하여 혼과 영과 및 관절과 골수를 찔러 쪼개기까지 하며 또 마음의 생각과 뜻을 판단하나니 (히 4:12).

히브리서는 '말씀'이 어떤 것인지에 대해 말해 주고 있습니다. 하나님의 말씀은 살아 있습니다. 운동력이 있습니다. 하나님의 말씀은 좌

우에 날선 어떤 검보다도 예리합니다. 그래서 우리의 혼과 영과 관절과 골수를 찔러 쪼개기까지 하며 우리의 마음과 생각을 판단합니다. 이것이 바로 하나님의 말씀입니다. 사람을 변화시키는 것은 기교나 게임, 쇼가 아니라 하나님의 말씀인 것입니다. 그런데 우리 교회는 오늘 이 말씀을 진정으로 믿고 있습니까?

아이들도 얼마든지 하나님의 말씀을 통해서 주님을 만날 수 있고, 은혜 받을 수 있고, 자신을 비춰 보며 성숙해질 좋은 기회를 가질 수 있습니다. 그러므로 아이들에게 전한다고 해서 하나님 말씀을 약화시켜 말하는 것은 매우 위험한 일입니다.

어느 날 5학년 남학생이 예배가 끝난 후에 저에게 막 달려왔습니다. 그러더니 "목사님, 오늘 말씀에 너무 큰 은혜를 받았습니다. 너무 너무 좋았어요"라고 제게 고백하는 게 아니겠습니까? 저는 이 학생의 고백에 오히려 감동을 받았습니다. 그런데 이 아이의 다음 말이 저에게 더 큰 감동을 주었습니다. "목사님, 다음 주에도 은혜로운 설교 부탁합니다."

이처럼 아이들도 은혜를 받고 싶어 하고, 주님을 만나고 싶어 하고, 말씀에 감동되기를 원합니다. 그런데 아이들이라고 무시해서 말씀이 딱딱할 거라고 지레짐작해 잘 준비하지 않는다면 아이들의 신앙에 도움을 줄 수 없을 것입니다. 그러므로 교사라면 마땅히 말씀을 잘 준비하여 하나님의 말씀을 바르게 증거해야 하겠습니다.

집회를 다녀 보면 설교 시간을 줄이고 대신 게임이나 다양한 활동 시간을 늘리는 교회들을 종종 만납니다. 그러나 이것은 위험한 일입니다. 교회 내에서 강단을 약화시키거나 말씀 시간을 줄이면 안 됩니다. 다른 일들로 예배 시간을 채운다면 당장은 아이들이 좋아할지 모르나 시간이 지난 후에는 그 교회에서 믿음의 아이들을 찾아 볼 수 없게 될 수도 있습니다.

제가 예전에 경기도 평촌에 있는 Y교회에 어린이 집회를 갔을 때의 일입니다. 저는 그 교회 집회 제목을 보고 깜짝 놀랐습니다. 바로 '어린이 회심 집회'였던 것입니다. 수많은 교회에 집회를 다니지만 이런 이름으로 집회를 하는 교회는 처음이었습니다. 보통 교회는 어린이 초청잔치, 친구 초청잔치, 천국 잔치, 어린이 부흥회 등의 제목으로 집회를 인도하는데, 이 교회는 '회심 집회'라는 이름을 걸고 사역을 하고 있었습니다. 그런데 자세히 보니 어린이 회심 집회만 있는 것이 아니라, 아주 어린 유아부에서부터 유치부, 유년부, 초등부, 중등부, 고등부까지 모든 교육부서의 집회 제목이 회심 집회였습니다.

저는 너무도 궁금해서 담임목사님께 여쭈어 보았습니다. "목사님! 어떻게 이런 회심 집회를 하시게 되었습니까?" 그랬더니 목사님의 자녀가 어릴 때 제가 섬기고 있는 한국어린이전도협회 어린이 성경캠프에 참여했다가 예수님을 만났다고 하시는 게 아닙니까. 자녀의 변화를

접하고 난 후 목사님은 교회 안에도 구원 받지 못한 사람들이 있음을 절감하면서 매년 어김없이 각 기관 회심 집회를 진행하고 있다고 하셨습니다.

보통의 경우, 저는 집회를 할 때 아이들이 좋아하는 선물을 5가지 정도 준비합니다. 그래서 집회 중간에 집중 못하는 아이들이 있을 때에는 게임이나 퀴즈를 통해서 작은 선물을 주기도 합니다. 그런데 Y교회는 그럴 필요가 없었습니다. 바로 회심 집회를 위해서 3달 전부터 부모들과 온 교회 성도들이 기도로 준비했기 때문입니다. 이 교회의 사례는 어린이 사역자인 저에게 새로운 도전이 되었습니다.

Y교회 목사님은 저에게 다른 내용의 설교 말고 복음을 전해 달라는 부탁을 했습니다. 듣던 중 제일 반가운 말씀이었습니다. 저는 처음 가는 교회에서는 항상 복음을 전하고 있습니다. 수많은 아이들에게 복음을 전하여 예수님을 믿게 하는 것이 저에게 주어진 사명이라고 믿기 때문입니다. 어쨌든 이 집회에서 저는 말씀을 통해 복음을 전하기 시작했습니다. 그리고 Y교회의 준비된 아이들에게 게임이나 퀴즈, 선물 같은 것은 전혀 필요 없다는 점을 확인했습니다. 아이들은 분명한 복음의 말씀 앞에서 하나같이 집중하고 결단하며 기도했습니다.

아이들은 성경 말씀을 통해서 하나님이 자신을 얼마나 사랑하시고 또한 하나님 앞에 자신이 얼마나 큰 죄인인지를 깨달았습니다. 뿐만 아니라 독생자 예수 그리스도가 이 땅에 오셔서 나의 죄를 위해 십자가에 죽으시고 부활하셨다는 메시지 앞에서 뜨겁게 통곡하며 소리 높여 기도하기 시작했습니다. 집회 동안에 아이들이나 교사나 할 것 없이 모두가 은혜 안에서 하나가 되었습니다.

수많은 아이들이 이 회심 집회를 통해 주님을 만났습니다. 아이들은 구원의 확신을 갖고 하나님 안에서 비전을 품게 되었습니다. 그 결과 이제는 말씀을 읽고 기도하는 아이들이 전도하며 하나님의 자녀로 자라는 모습을 지켜볼 수 있게 되었습니다. 이 집회 이후 아이들의 간증을 기록한 Y교회의 책자를 보면서 정말이지 놀라움을 금할 수 없었습니다. 이처럼 복음에는 능력이 있습니다. 이런 복음을 전하는 일이야말로 교회가 존재해야 할 이유이자 우리의 사명인 것입니다.

요한복음 17장 17절은 이렇게 말합니다. "그들을 진리로 거룩하게 하옵소서 아버지의 말씀은 진리니이다." 하나님의 말씀이 진리라고 명시하고 있습니다. 왜 하나님의 말씀이 진리일까요? 하나님의 말씀의 중심이 바로 예수 그리스도이기 때문입니다. 그러므로 진리이신 주님의 말씀을 듣고, 외우고, 묵상하고, 실천할 때 우리의 삶은 변화되고 성장하며 성숙해집니다.

우리 주위에는 말씀을 사모하는 아이들이 많이 있습니다. 또한 예배를 통해서 은혜 받는 아이들도 있습니다. 말씀을 통해서 성숙하고 새로워지는 아이들 역시 많습니다. 그런 아이들은 집에서도 하나님의 말씀을 묵상하고, 큐티를 하며 날마다 주 앞에 자신을 드립니다. 하나님은 말씀 가운데 사람을 축복하십니다. 그러므로 말씀을 통해서 예수 그리스도가 증거되는 곳곳마다 수많은 백성이 구원과 능력을 받고 변화되는 역사가 일어날 것입니다.

또한 로마서 10장 17절은 이렇게 말하고 있습니다. "그러므로 믿음은 들음에서 나며 들음은 그리스도의 말씀으로 말미암았느니라." 우리의 믿음은 다른 데서 오는 것이 아닙니다. 게임이나 간식이나 쇼에서 나오지 않습니다. 믿음은 오직 들음에서 납니다. 예수 그리스도의 말씀을 들을 때 그 아이의 믿음의 뿌리가 견고하게 되고 성숙한 신앙인이 되는 것입니다. 하나님의 말씀이 그 심령 가운데 떨어져야 그것이 생명을 얻어 싹을 틔우고 열매를 맺어 하나님께 영광을 돌리게 되는 것입니다.

어른들이 구원 받고 성장하려면 하나님의 말씀을 붙잡아야 하는 것처럼, 아이들도 동일하게 말씀을 통해서 성장해야 합니다. 우리가 받았던 그 복음, 우리가 받았던 그 말씀을 통해서만 새 생명의 역사와 구원의 역사, 성장의 역사가 일어남을 기억하십시오.

요컨대 말씀으로 승부할 수 있는 사역, 말씀을 강조하는 이 사역을 통해서 다음 세대의 사역, 교회학교의 사역이 더욱 아름답고 풍성해질 수 있습니다. 말씀 이외의 다른 것을 추구할수록 복음과 하나님의 말씀은 약화될 것입니다. 하지만 하나님의 말씀을 가르치면, 다음 세대는 모래 위에 지은 집이 아니라 반석 위에 세운 견고한 집이 됩니다. 어떤 위험과 어려움이 와도 능히 이기며 극복할 수 있는 사람이 됩니다. 하나님의 말씀을 통하여 아이들이 믿음의 거인들로 세워질 것입니다. 부디 말씀을 통해서 하나님의 거룩한 나라가 왕성하게 일어나고, 다음 세대가 건강하게 성장하여 부흥되기를 간절히 축복합니다.

04 전도로 승부하라

하나님은 모든 사람이 구원을 받으며 진리를 아는 데에 이르기를 원하시느니라(딤전 2:4).

하나님은 이 땅의 잃어버린 영혼들이 한 사람도 빠지지 않고 구원받기를 원하십니다. 그리고 이를 통해 교회는 부흥해야 합니다. 여기서는 교회 부흥의 4가지 원리 중 마지막 네 번째인 '전도'에 대해 살펴보겠습니다.

교회 부흥은 전도를 통해 이루어져야 합니다. 전도가 아닌 다른 어떤 것으로도 부흥은 일어나지 않습니다. 혹시 전도 없이 부흥이 일어난다면, 그것은 주님이 원하시는 부흥이 아닐 것입니다. 전도를 하지 않는데 어떻게 교회와 다음 세대에 부흥이 일어날 수 있겠습니까? 교회는 전도로 부흥되어야 합니다.

> 이와 같이 이 작은 자 중의 하나라도 잃는 것은 하늘에 계신 너희 아버지의 뜻이 아니니라 (마 18:14).

주님이 교회를 세우신 목적은 영혼 구원을 위해서, 이 땅에 잃어버린 수많은 백성들을 위해서입니다. 그렇기에 우리는 마땅히 복음을 전하는 일에 매진해야 합니다. 전도 없이 교회 부흥은 있을 수 없습니다. 전도 없이 다음 세대를 살릴 방법은 없습니다.

사도행전 4장 12절은 "다른 이로써는 구원을 받을 수 없나니 천하 사람 중에 구원을 받을 만한 다른 이름을 우리에게 주신 일이 없음이라 하였더라"고 말씀하고 있으며, 요한복음 14장 6절에서는 "예수께서 이르시되 내가 곧 길이요 진리요 생명이니 나로 말미암지 않고는 아버지께로 올 자가 없느니라"고 말씀하고 계십니다. 결국 복음으로 승부해야 한다는 것입니다. 전도해야 한다는 말입니다.

그러므로 믿지 않은 아이들을 전도해야 합니다. 우리 아이들이 예수님을 믿게 하는 사역, 아이들에게 복음을 전하는 사역, 이것이야말로 교회와 다음 세대의 부흥을 위해 아주 중요한 사역입니다. 우리가 믿지 않는 영혼들에게 복음을 전하는 과정에서는 그 대상자에게 우리의 더 큰 관심과 사랑이 전해집니다. 그런데 이 시대에는 복음이 너무 약해져 있습니다. 이 땅 한국 교회에 복음의 능력이 회복될 때 구원의 역사, 참다운 부흥의 역사가 나타나게 될 것입니다.

여기서 잠깐 옛이야기를 해 보겠습니다. 옛날 어느 마을에 자신들을 어부라고 부르는 사람들이 살고 있었습니다. 그들이 사는 지역은 많은 물고기들이 서식하는 물가였습니다. 그곳은 시내와 호수들로 둘러싸여 있었으며, 물속에는 배가 고픈 물고기로 가득 차 있었습니다. 그런데 몇 주가 지나고 몇 달이 지나고 몇 년이 지나도록 자신들을 어부라고 부르는 사람들은 고기를 낚지 않았습니다. 대신 그들은 서로 모임을 갖고 "물고기를 낚으라"는 고귀한 명령에 대한 자신들의 소명 의식과 풍요로운 물고기의 양, 그리고 물고기 낚는 방법에 관해 이야기만 나누었습니다.

수년 후, 마침내 그들은 조심스럽게 낚시에 대한 정의를 내리고, 낚시도 하나의 업무인 것과 낚시를 하는 것이 어부의 가장 큰 사명임을 선포했습니다. 그리고는 계속해서 새로우면서도 더 나은 물고기 잡는 법과 낚시에 대한 정의를 찾아 다녔습니다. 그런데 이때 그들이 하지 않은 유일한 일거리가 하나 있었습니다. 바로 물고기를 잡지 않았던 것입니다.

이윽고 마을에는 크고 정교하면서도 값비싼 훈련센터들이 세워졌습니다. 그 센터들의 고유하고 주요한 목적은 어부들에게 물고기 잡는 법을 가르치는 것이었습니다. 여기서는 낚시의 필요성과 물고기의 특성, 물고기들이 많은 장소들 그리고 물고기의 종류와 물고기의 심리학적 반응에 대한 강의가 제공되었습니다. 그 강의를 맡은 사람들은 어부학 박사학위를 갖고 있었지만, 그들 역시 물고기를 잡지는 않았습니다. 그들은 오직 낚시에 대해 가르치기만 했습니다. 수년의 지루한 훈련 끝에 많은 사람들은 낚시 면허를 취득했습니다.

그러던 어느 날 낚시에 대한 절실한 필요를 논하는 모임 후에, 한 젊은이가 그 모임을 떠나 물고기를 잡으러 갔습니다. 그리고는 그 다음 날 그는 두 마리의 멋진 물고기를 잡았다고 보고했습니다. 그는 뛰어난 업적으로 유명해졌고 곧 모든 주요한 모임에 초대되어 그 큰 두 마리의 물고기를 어떻게 낚아 올렸는가에 대한 강의를 할 계획이었습니다. 다른 어부들에게 자신의 경험을 말할 시간을 확보하기 위해 그 청년은 이제 고기 잡는 것을 그만 두었습니다. 이어서 그의 큰 수확에 대한 영화가 만들어졌습니다. 또한 그의 괄목할 만한 업적으로 인하여 청년은 어부위원회의 위원까지 되었습니다.

사실 오늘날 많은 '어부들'이 매우 진지할 뿐더러 진실로 헌신적이며 또한 모든 종류의 어려움을 견디고 있는 것은 맞습니다. 그러나 결론적으로 볼 때 그 사람들은 "나를 따라오라 내가 너희를 사람을 낚는 어부가 되게 하리라"(마 4:19) 하신 주님을 따르고 있지는 않습니다.

만일 어떤 사람이 물고기를 잡지 않는 사람들은 아무리 스스로 어부라고 주장할지라도 사실은 어부가 아니라고 말한다고 생각해 보십시오. 그들 중 얼마나 많은 사람들이 상처를 받게 될까요. 그러나 어찌됐든 이 말은 맞는 말입니다.

수년 동안이나 물고기를 낚지 않는 사람을 과연 어부라고 할 수 있겠습니까? 낚시를 하고 있지 않으면서 주님을 따른다고 말할 수 있겠습니까?

그러므로 진짜 어부로서 살기를 원한다면, 먼저 하나님 앞에 매달리고 기도하면서 전도 대상자를 정하십시오. 그 후에는 그들에게 다가가서 복음을 증거해야 합니다. 어린이전도협회에는 복음을 전할 수 있는 다양한 복음 자료들이 마련되어 있습니다. 이 자료를 참고해 복음을 전할 방법을 습득한 다음, 직접 어린이를 만나 복음을 전해야 합니다.

일대일로 전하는 것뿐 아니라 아이들을 모아놓은 다음에 복음을 전할 수도 있습니다. 물론 찬양 가운데, 말씀 가운데, 설교 가운데 복음이 들어 있어야 합니다. 공과 시간에도 기도 시간에도 복음의 메시지를 증거해야 합니다. 이 십자가의 복음, 하나님의 진한 사랑이 예수님을 모르는 영혼들에게 전해졌을 때, 예배와 말씀이 살아 움직이므로 아이들이 예수님을 만날 수 있습니다.

우리는 구원의 역사가 일어나는 것을 기적이라고 생각합니다. 그러나 사실은 교회에서 구원의 역사가 일어나지 않는 것이 오히려 기적입니다. 하나님은 복음이 능력이라고 말씀하십니다. "이 복음은 모든 믿는 자에게 구원을 주시는 하나님의 능력이 됨이라"(롬 1:16). 따라서 교회에서 구원의 역사가 일어나지 않는 이유는 이 하나님의 말씀이 거짓이거나, 우리가 복음을 제대로 전하지 않고 있거나 둘 중 하나입니다.

이 시대의 교회 교육에 있어서 가장 시급한 것은 영상이나 워십이나 드라마가 아닙니다. 그것은 바로 십자가와 복음의 회복입니다. 아이들도 영적으로 갈급함을 느낍니다. 아이들도 영적으로 채움 받아야 합니다. 많은 아이들이 예배를 드리고 공과도 배우는데 1, 2년이 지나도 마음속에 예수님에 대한 확신을 가지지 못합니다. 이것은 복음이 제대로 선포되지 않았기 때문입니다.

우리가 교회 내에서 하나님에 대해서 잘 가르쳐 주지 못하고, 말씀을 통해 하나님을 보여 주지 못한다면 아이들은 주님을 만날 도리가 없습니다. 그러나 아이들이 능력의 하나님을 발견하지 못하는 교육은 박제와 다름없는 교육입니다.

박물관에 박제되어 있는 호랑이나 독수리를 생각해 보십시오. 부리도 있고, 발톱도 있고, 이빨도 있지만 생명이 없습니다. 능력도 없습니다. 마찬가지로 복음이 전해지는 과정이 없다면 질적인 성장은커녕 양적인 성장도 있을 수 없습니다. 복음이 전해지지 않는 교육에는 아무런 역사가 없습니다. 구원의 역사도 없고, 변화의 역사도 없고, 기적의 역사도 없습니다. 박제된 교육은 곧 죽은 교육입니다. 하나님에 대해서 가르친다고 하지만 실상은 하나님을 보여 주지 못하는 참 마음 아픈 교육인 것입니다.

많은 교사들이 자기 반 아이들이 교회에 나오지 않아도 무덤덤합니다. 그 이유는 본인들이 그 아이를 전도하지 않았기 때문입니다. 만약 전도의 목표를 정하고, 기도하고, 복음을 증거하여 저들을 전도했다면 그 영혼을 향한 뜨거운 사랑과 열정이 있기 때문에 가만히 있을 수가 없을 것입니다. 내가 목표를 정하고, 위해서 기도하고, 눈물로 복음을 증거하여 인도한 영혼이 교회에 빠진다면 얼마나 마음이 아프겠습니까? 마치 아비의 마음처럼 말입니다. 결국 모든 교육의 시작은 전도여야 합니다.

우리 교회에서는 전도 행진을 분기별로 세 달에 한 번씩 진행하고 있습니다. 또한 전도상은 1등부터 3등까지 5,000원짜리 문화상품권을 각각 6장, 4장, 2장을 걸고 수여하고 있습니다. 앞에서도 말했듯이 전도를 위해서는 우선 목표를 정해야 합니다. 목표를 정하지 않으면 열정이 떨어지고 기도가 안 되기 때문입니다. 그러면 당연히 전도할 대상을 정할 수도 없을 것입니다. 반대로 전도 대상자라는 목표가 있다면 그를 위해 기도하게 되고 사랑을 베풀게 되고 교회 행사가 있으면 그 친구를 초대할 수도 있게 됩니다.

잠깐, 여기서 중요한 포인트를 하나 짚고 가겠습니다. 혹시 선생님 반 아이들은 어떠합니까? 한번 점검해 보셨으면 좋겠습니다. 제가 전도 목표를 정해서 제출하라고 하면 대개 선생님들은 아이들에게 누구를 전도할 건지 물어 봅니다. 그리고는 그 아이의 전도 대상자는 몇 명이고 이름과 연락처는 무엇이라고 적어 담당 교역자에게 제출합니다.

그런데 정작 제가 아이들에게 "너희 반 이번 전도 목표는 몇 명이니?" 하고 물으면 대답을 제대로 하는 아이들이 별로 없습니다. 뿐만 아니라 아이들이 자기가 써 낸 전도 대상자를 헷갈리는 경우도 종종 있습니다. 전도를 마치 숙제처럼 처리해 버리려고 하는 경우가 얼마나 많은지 모릅니다. 그러나 그렇게 해서는 절대 안 됩니다. 아이들로 하여금 기쁨과 감사로 예수 그리스도를 전하고 싶은 마음이 들게 해야 합니다.

또 한 가지, 선생님들이 전도 목표를 정할 때 반 아이들에게는 그 목표에 대해서 정확히 말해 주지 않는 경우가 있습니다. 그러나 아이들이 이 목표를 분명히 알지 못하면 절대로 그 반의 전도 목표는 이루어지지 않습니다. 선생님 혼자 알고 있는 목표는 더 이상 목표가 아니라는 말입니다. 그러므로 전도 목표는 반드시 아이들과 공유하십시오.

아이들과 힘을 모으고 기도를 모으고 즐거움을 모아서 전도할 때 그 목표가 이루어질 것입니다.

한편 전도의 밭은 또 얼마나 넓습니까? 너무 많은 영혼들이 예수님을 믿지 않고 있습니다. 지금도 전체 국민 가운데 믿지 않는 영혼들이 75% 이상입니다. 제가 사역하고 있는 강원도는 복음화율이 10%밖에 되지 않습니다. 다시 말해 지역민의 90% 가까이가 예수님을 믿지 않고 있다는 것입니다.

그런데 이것이 곧 우리에게는 희망의 메시지입니다. 믿지 않는 영혼들이 많다는 것은 그만큼 전도 대상이 많다는 반증이기 때문입니다. 그러니 희망을 갖고 나아가야 합니다. 아버지의 마음을 갖고, 아버지의 눈물을 갖고, 뜨거운 열정으로 영혼들을 바라보며 달려가 복음을 증거하는 우리 모두가 되었으면 좋겠습니다.

많은 교회가 전도하지 않으면서 부흥되기만을 원합니다. 그러나 이는 옳은 생각이 아닙니다. 반드시 전도해야 합니다. 전도를 통한 교회의 부흥이야말로 하나님께서 기뻐하시는 참다운 부흥입니다. 전도하지 않고 교회가 부흥되기를 원하는 것은 결국 교회가 이상한 방법으로 사람들을 동원하거나 타 교인을 뺏어 온다는 뜻인데, 하나님께서 과연 이런 모습을 기뻐하시겠습니까? 오직 전도로 교회가 승부할 때 비로소 하나님께서 원하시는 참다운 부흥이 일어날 것입니다.

교사는 자녀를 낳아야 합니다. 전도해야 합니다. 이때 복음을 전하는 과정이 반드시 있어야 질적으로나 양적으로 건강도를 높일 수 있고 성장할 수 있는 것입니다. 아무리 말씀 교육을 하고 있다 할지라도 그 교회가 전도하지 않는다면 진정으로 살아 있는 교회라고 말할 수 없습니다. 결코 한 명도 전도하지 못한 교사가 되어서는 안 됩니다. 믿지 않는 영혼들에게 나아가야 합니다. 그들을 바라보아야 하고, 그들을 향해 발을 내디뎌야 합니다. 아무리 덥거나 추워도 복음을 증거해야 합니다. 예수 믿게 하는 사역만큼 귀한 것이 없습니다. 따라서 교회의 모든 시스템과 프로그램, 모든 재정은 전도 곧 수많은 영혼을 살리는 일에 사용되어야 합니다.

저는 우리 모든 교회들이 다음 세대의 부흥을 원하는 간절한 마음을 품고 전도로 승부할 수 있기를 축복합니다. 전도만이 희망입니다. 부디 전도를 통해서 오늘날의 교회들이 부흥되기를 소망합니다.

/ 03 /

다음 세대와 아이들

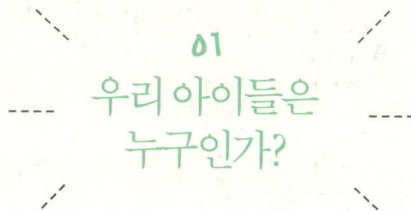

01 우리 아이들은 누구인가?

사람들이 예수께서 만져 주심을 바라고 어린아이들을 데리고 오매 제자들이 꾸짖거늘 예수께서 보시고 노하시어 이르시되 어린아이들이 내게 오는 것을 용납하고 금하지 말라 하나님의 나라가 이런 자의 것이니라 내가 진실로 너희에게 이르노니 누구든지 하나님의 나라를 어린아이와 같이 받들지 않는 자는 결단코 그곳에 들어가지 못하리라 하시고 그 어린아이들을 안고 그들 위에 안수하시고 축복하시니라 (막 10:13-16).

성경은 아이들을 용납하라고 말하고 있습니다. 예수님은 아이들을 잘 아셨고, 존중하셨고, 용납하셨습니다. 그런 아이들이 지금 우리 안에 있습니다. 어떻게 하면 예수님께서 맡겨 주신 이 아이들을 잘 섬길 수 있을까요? 이때 섬김의 첫걸음은 '아는 것'으로부터 시작합니다.

교사는 아이들에 대해서 잘 알아야 합니다. 그래야 우리 아이들의 필요를 채울 수 있고 그들을 주님 앞에 인도할 수 있습니다. 유치부 교사라면 유치부 아이들을 잘 알아야 하고, 아동부 교사라면 아동부를 잘 알아야 하며, 학생회 교사라면 학생들을 잘 알아야 할 것입니다. 이처럼 사역의 대상자를 정확히 파악할 때 사역의 목적을 이룰 수 있습니다.

다음 세대가 건강하게 부흥하기 위해서는 우리가 가르치는 대상을 반드시 알아야 합니다. 아이들을 알면 현장감 있는 실질적인 교육을 할 수 있습니다. 아이들을 이해하고 아이들을 알 때 우리의 교육은 이론을 넘어설 수 있는 것입니다. 교사가 자기 반 아이들을 제대로 알지 못하면 그들과의 관계는 피상적일 수밖에 없을 것입니다. 그러므로 초등학생들이 어느 정도 성경을 읽을 수 있는지, 기도의 폭은 얼마나 되는지, 중·고등 학생의 경우 말씀과 큐티는 어느 정도 하고 있는지 잘 알아야 합니다. 아이들을 지도하는 교사가 아이들을 알지 못한다면 그들의 필요를 채울 수 없는 교사가 되고 말 것입니다.

그렇다면 우리 아이들을 어떻게 이해할 수 있을까요? 어떻게 그들을 알 수 있을까요? 가장 좋은 방법은 아이들과 함께 교제하는 것입니다.

먼저 아이들을 관찰해 보십시오. 아이들이 요즘 어떤 것들을 좋아하는지, 어떤 것들을 싫어하는지 잘 관찰한다면 사역할 때 풍성한 자료를 얻을 수 있을 것입니다. 또한 아이들에게 질문해 보십시오. 아이 이름이 무엇인지, 장래 꿈이 무엇인지, 요즘 좋아하는 것들이 무엇인지를 물어 보고 관심을 가지십시오. 그럴 때 탁월한 교육 효과를 볼 수 있습니다.

저희 가정에는 하나님께서 주신 4명의 자녀들이 있습니다. 저는 아이들을 잘 섬기기 위해 자녀들과 함께 가정에서 교제하고 나눕니다. 그럴 때 아이들을 더욱 깊이 이해할 수 있었습니다. 그리고 이러한 경험은 우리의 사역 현장에서 아이들을 지도하는 데 큰 도움을 줍니다. 이처럼 자신의 자녀들을 통해 아이들에 대한 간접 경험을 얻을 수 있습니다. 자녀의 영적인 모습뿐만 아니라 발육과 성장하는 모습을 보면서도 아이들을 이해할 수 있습니다. 그렇기에 더욱 자녀는 하나님께서 우리에게 허락하신 큰 축복입니다.

뿐만 아니라 아이들에 대해 따로 공부할 수도 있습니다. 요즘 서점에 가 보면 좋은 책들이 많이 나와 있습니다. 교회학교 교사라면 아이들을 이해하기 위한 책들을 보아야 합니다. 청소년 교사라면 청소년들이 어떤 상태에 있는지 찾아보아야 합니다. 영적인 상태가 어느 수준에 올라와 있는지, 정신적인 상태가 어느 수준에 올라와 있는지, 육체적인 상태가 어느 수준에 올라와 있는지에 대해 정서적인 면과 사회적인 면을 함께 고려하며 볼 때 지도법을 조금 더 유연하게 적용할 수 있을 것입니다.

더불어 우리의 과거를 회상해 보는 것도 좋은 방법입니다. 어린 시절에 우리에게 다가오셨던, 우리를 위해서 기도해 주셨던, 우리를 사랑해 주셨던, 심방해 주셨던, 바로 그 선생님의 열정과 관심과 사랑을 기억해 보는 것입니다. 그러면 우리도 그런 교사로서 아이들에게 다가가 그들을 섬길 수 있을 것입니다. 시대가 아무리 지나갔어도 교육의 본질은 아이들이 이해할 수 있고 받아들일 수 있는 것이어야 합니다. 그러니 우리가 과거를 회상하면서 나를 실족케 했던 선생님과 내게 영적인 충격과 감동을 주었던 선생님을 생각해 본다면 사역에 큰 도움을 얻을 수 있을 것입니다.

한편 하나님께 여쭈어 볼 수도 있습니다. 아이들을 만드신 분은 하나님이시므로 하나님께 여쭈어 보는 것입니다. "주님, 우리가 아이들을 전도하기를 원하는데 어떻게 했으면 좋겠습니까?", "아이들을 양육하고 심방하기를 원하는데 하나님, 우리에게 지혜와 감당할 수 있는 은혜를 주십시오." 이렇게 주님 앞에 기도하는 것입니다. 살아 계신 하나님, 전능하신 하나님께 기도한다면 그분께서 우리에게 필요한 것들을 채우셔서 놀라운 은혜를 허락해 주실 줄로 믿습니다.

뿐만 아니라 하나님이 아이들을 어떻게 생각하시는지를 알아야 합니다. 그러기 위해서는 말씀을 보아야 합니다. 말씀을 보면, 예수님께서 아이들을 어떻게 평가하고 계신지 알 수 있습니다. 성경을 통해 우리는 청소년들과 아이들을 어떻게 말하고 있는지 이해할 수 있습니다. 만약 하나님이 바라보는 시각으로 아이들을 바라보고 예수님처럼 아이들을 사랑한다면, 틀림없이 주님이 기뻐하시고 원하시는 참다운 교사가 될 것입니다.

아이들을 이해하는 것이 교사의 출발점이 된다는 의미에서, 저는 모든 부모가 교회학교 교사가 되기를 기대합니다. 유치부 학생을 두고 있는 부모가 유치부 교사를 하는 것이 가장 탁월하지 않을까요? 가정에서 날마다 유치부 아이들을 만나고 교제하고 있으니까요. 부모가 자녀를 사랑하는 마음으로 교회의 아이들을 섬기면 사역이 극대화될 수 있으리라고 확신합니다. 마찬가지로 초등학교 학생을 둔 부모들이 교회에서 초등학생들을 가르친다면 얼마나 좋을까요? 초등학교 학부모야말로 아이들을 가장 잘 이해할 수 있고 잘 섬길 수 있습니다.
어린이와 청소년은 마치 언어가 다르고 문화가 다른 선교지와 같습니다. 사실 청소년과 대화하기는 상당히 어렵습니다. 교제하는 것 자체도 어렵습니다. 그러므로 학생들을 키우는 부모들이 교회에 와서 학생들의 고민과 갈등, 그들의 어려움, 그들의 문제점들을 함께 이야기하며 기도하고 교제하고 섬긴다면 더 큰 효과가 있을 것입니다. 다른 청소년을 통해 내 자녀를 더 잘 이해하는 보너스도 얻을 수 있습니다. 이처럼 성도들 가운데 부모들이 앞장서서 교회학교 교사를 해야겠다는 마음과 열정을 갖는다면, 그 교회의 다음 세대는 확실히 부흥될 것입니다.

02
하나님께 쓰임 받은 아이들

　앞 장에서는 아이들을 잘 알아야 좋은 교사가 될 수 있다는 말씀을 나누었습니다. 교사는 여러 방법과 통로를 통해 아이들을 알도록 노력해야 합니다. 그리고 무엇보다 하나님이 우리 아이들을 바라보시는 시각으로 우리도 아이들을 볼 수 있어야 합니다.

　그렇다면 성경은 아이들에 대해 어떻게 말하고 있을까요? 우리 모두는 하나님의 형상으로 지음 받은 존재입니다. 아이들 역시 하나님의 형상으로 지음 받은 거룩한 존재입니다. 우리 모두는 다 사랑받기 위해 태어난 사람입니다. 아이들도 마찬가지입니다. 하나님은 이 아이들을 축복하시고 "너는 내 것이다. 사랑하는 내 아들이다"라고 말씀하십니다. 이 점을 꼭 기억해야 합니다. 주께서 그렇게 말씀하셨으므로 우리는 어린 영혼 하나하나를 귀하게 여겨야 합니다.

　아이들을 귀하게 여기지 않으면 어린이 사역을 잘할 수가 없습니다. 그렇기에 아이들도 하나님의 형상으로 지음 받았다는 사실을 알고 지도하는 것이 굉장히 중요합니다. 하나님의 형상으로 지음 받은 우리 아이들을 귀하게 여기는 마음이 있을 때 그들을 진심으로 잘 섬길 수 있습니다.

　그러나 꼭 기억해야 할 사실은 아이들도 죄인으로 태어났다는 것입니다. 아담과 하와의 후손들은 모두 다 죄를 갖고 태어납니다. 아무리 깨끗하고 아무리 착하게 산다 할지라도 그 마음속에 원죄가 있다는 것입니다. 성경은 "의인은 하나도 없다"고 말하고 있으며, "모든 사람이 죄를 범하였으매 하나님의 영광에 이르지 못한다"라고도 말하고 있습니다. 요컨대 모든 사람이 죄인인 것입니다.

　흔히 아이들은 깨끗하고 순수한 존재라고 생각합니다. 물론 아이들이 어른보다 더 영악하거나 더 계산적이지는 않습니다. 그러나 아이들도 죄인입니다. 사실 아이들도 얼마나 많은 죄를 짓고 있는지 모릅니다. 언젠가 다섯 살짜리 아이가 세 살짜리 아이에게 "너 죽여 버릴 거야"라고 말하는 것을 듣고 깜짝 놀란 적이 있습니다.

　아이들은 부모와 교사를 속이기도 하고, 바르지 못한 말을 사용하기도 합니다. 왜 그럴까요? 바로 죄인이기 때문에 그렇습니다. 죄의 마음이 그 속에 있기 때문에 죄 된 행동이 나타나는 것입니다.

로마서 3장 23절은 "모든 사람이 죄를 범하였으매"라고 말하고 있습니다. 여기서 말하는 '모든 사람' 속에 어린이가 제외되는 것이 아닙니다. 모두가 다 죄를 갖고 태어난 죄인입니다. 단, 죄인 된 모든 영혼은 예수님을 믿기만 하면 모든 죄를 용서 받을 수 있고 구원 받을 수 있습니다. 십자가에서 죽으신 예수님을 믿는다면 구원을 얻을 수 있습니다. 예수님은 이 땅의 모든 사람들, 어른뿐만 아니라 아이들을 위해서도 십자가에서 죽으셨기 때문입니다.

간혹 어린아이들의 구원에 대해서 의심하는 분들이 있습니다. 하지만 의심하지 마십시오. 지금도 전도해 보면 많은 아이들이 복음을 듣고 예수님을 영접하여 주 앞에 돌아오는 놀라운 축복의 역사를 많이 봅니다. 우리 아이들도 얼마든지 예수님을 믿을 수 있습니다. 그렇기 때문에 우리는 아이들에게 복음을 전해야 합니다.

더 나아가 아이들이 예수님을 믿을 뿐만 아니라 하나님을 위해서 큰 일을 할 수도 있습니다. 혹시 아이들도 주님 앞에 쓰임 받을 수 있다는 사실을 사람들이 잘 몰라서 쓰임 받는 일이 드문 것은 아닐까요? 하나님께서는 우리 아이들에게 많은 은사와 달란트와 지혜를 주셨습니다. 그러므로 아이들도 하나님을 위해서 살 수 있습니다. 어려서 하나님을 만난 아이는 하나님의 영광과 그분의 나라를 위해서 쓰임 받으며 하나님을 위해 인생을 살 것입니다.

성경 속에서도 하나님께 쓰임 받았던 아이들을 쉽게 만날 수 있습니다. 아담의 아들 아벨은 어릴 때부터 하나님께서 기뻐하시는 합당한 예배를 드렸습니다. 나아만 장군의 나병이 낫는 데에도 한 아이의 말이 큰 도움이 되었습니다.

나아만 장군에게는 어린 계집종이 있었습니다. 포로로 잡혀 온 이스라엘의 이름 모를 한 아이였습니다. 그런데 바로 그 아이가 자기의 여주인에게 엘리사를 소개합니다. 하나님의 사람 엘리사라면 주인의 병을 고칠 수 있으리라고 말한 것입니다. 그 소녀의 믿음의 고백이 나아만을 이스라엘로 보냈으며, 나아만은 엘리사를 만나 요단강에서 일곱 번 몸을 씻고 나병을 치료 받을 수 있었습니다. 이처럼 무명의 한 포로 아이를 통해서 나아만은 엘리사를 만날 수 있었고 하나님을 만날 수 있었습니다.

한편 다윗은 어린 시절에 사무엘을 통해서 기름 부음을 받았습니다. 그리고 역시 어릴 때 다윗은 하나님의 능력으로 블레셋 장군 골리앗을 이겼습니다. 다니엘 역시 마찬가지입니다. 이스라엘에서 바벨론까지 포로로 잡혀 왔지만, 다니엘은 어릴 때부터 정직하게 살며 자기 몸을 더럽히지 않고 하나님을 올바로 섬겼습니다. 다니엘이 뜻을 정하여 왕의 진미를 먹지 않기로 결정했을 때, 그는 아직 어린 나이였습니다. 뱃세다 광야에서 5천 명을 먹였던 그 놀라운 기적의 역사도 한 어린아이의 도시락에서부터 시작되었습니다. 예수님께서 이런 아이들을 통해서 일하신 것입니다.

사도행전에 나오는 로데도 어린이였습니다. 베드로가 옥에 갇혔을 때, 온 성도가 모여 베드로를 위해 기도했습니다. 그 가운데 로데라는 아이가 있었습니다. 천사가 베드로를 깨워 성도들이 기도하던 곳으로 이끌어 왔을 때, 로데는 문 두드리는 소리를 듣고 문을 열러 나갔습니다. 그리고는 베드로의 음성을 듣고 놀라고 기쁜 나머지 이렇게 외쳤습니다. "베드로가 돌아왔어요!" 그러나 어른들은 믿지 않았습니다. 기도해 놓고도 믿지 않았습니다. 도리어 로데가 미쳤다고 말했습니다. 어른들은 기도하고도 믿지 않았지만, 이 아이는 그 기도가 실현되는 현장에서 하나님의 응답을 증거했습니다.

그렇습니다. 어린아이들도 예수님을 믿을 수 있습니다. 더 나아가 하나님을 위해서 쓰임 받을 수도 있습니다. 그러므로 교사인 우리는 아이들에게 예수님을 소개하고, 예수님의 십자가 사건을 통해서 우리가 구원 받았다는 사실을 증거해야 합니다. '예수님이 날 위해 십자가에서 죽으셨다' 는 사실을 교사 자신이 먼저 믿고 아이들에게 선포할 때 그 아이들은 주님을 만나는 놀라운 축복을 누릴 것입니다.

03
---- 사랑=시간+물질 ----

　아이들을 이해하기 위해서 교사는 시간과 물질을 투자해야 합니다. 아이들에게 시간과 물질을 쏟는 데는 그만큼의 사랑과 정성이 필요합니다. 공적인 시간에 만나서 예배를 드리고 찬양하고 말씀을 나누는 것뿐 아니라 평일에도 시간을 내야 합니다. 아이들은 그런 교사에게 마음 문을 열고 더 가까이 다가올 것입니다. 그리고 교사는 아이들을 더 잘 이해하게 될 것입니다. 일대일로 만나 교제할 때, 아이들은 자신의 고민을 말할 것이며 함께 기도하면서 관계가 회복될 수 있을 것입니다.
　요컨대 다음 세대 사역에서는 관계 형성이 매우 중요합니다. 교사와 아이들 사이에 관계 형성이 되지 않고서는 그 아이들이 교사의 말에 순종하지 않을 것입니다.

　우리들이 담임목사님의 설교에 은혜를 받으려면 먼저 담임목사님을 인정하고 신뢰해야 하듯이, 아이들도 우리들의 말을 인정하고 신뢰하기 위해서는 그 전에 좋은 관계가 필요합니다.

　그렇다면 교사와 아이들이 좋은 관계를 형성하려면 무엇이 필요할까요? 저는 시간과 물질을 아이들과 나누는 일이 필요하다고 생각합니다. 그럼 먼저 시간에 대해 이야기를 해 보고자 합니다. 여기서 문제를 하나 내겠습니다. 월요일이나 화요일에 아이들이 생각나는 교사와 금요일이나 토요일에 생각나는 교사 중 어떤 교사가 아이들을 더 사랑하는 교사일까요? 좀 어려운가요?

　교사들 중에는 금요일이 되면 슬슬 주일에 만나야 할 아이들이 생각나는 분들이 있을 겁니다. 그중에는 아이들이 보고 싶어서 생각나는 분들도 계실 줄 압니다. 하지만 대부분의 교사들은 주일에 만나야 할 부담감 때문에 아이들이 생각날 것입니다. '주일에 만나기 전에 전화라도 한 통 해야 하는데, 문자라도 한 통 보내야 하는데' 하면서 아이들을 생각하는 것입니다. 반대로 부담감 때문이 아니라 정말로 아이들이 보고 싶어서 생각나는 분들은 월요일이나 화요일에도 아이들이 떠오를 것입니다.

　조금 길게 설명했지만, 어쩌면 우리들에게는 이런 마음이 공존하는 것 같습니다. 중요한 것은 이런 우리의 마음과 태도를 아이들이 다 알고 있다는 점입니다. 인간이란 참 오묘해서 말로 하지 않아도 서로의 마음을 느끼지 않습니까? 그런데 선생님에게 사랑 받고 싶고 관심 받고 싶은 우리 아이들은 더 민감하게 이런 사실을 느끼고 있습니다. 그래서 좋은 관계를 형성하기 위해서는 먼저 교사인 나의 마음이 그들에게 있는 그대로 전달되었을 때 부끄럽지 않고 당당할 정도가 되어야 합니다. 어떤 일도 노력 없이 되는 일은 없듯이 교사라는 직분도 처음 아이들과 만나 어떻게 관계를 만드느냐에 따라서 달라지게 되어 있습니다. 그러므로 습관을 만들어 나중에 자연스럽게 관계를 맺도록 할 필요가 있습니다.

주일날만 아이들과 만나서는 관계 형성이 제대로 되지 않습니다. 교사가 바쁘다는 핑계로 아이들에게 시간을 내지 않는다면 교사의 직분을 우선순위에 두지 않는 것이고 아이들을 사랑하지 않는 것입니다. 때문에 교사와 아이들의 관계가 긴밀히 형성되려면 시간을 투자해야 합니다. 어떤 목사님의 말처럼 이것은 '거룩한 허비'인 것입니다. 시간을 투자하지 않고는 아이들을 만날 수 없고 관계가 이루어지지도 않습니다.

또 하나, 물질을 사용해야 합니다. 아이들은 먹을 것과 선물을 너무 좋아합니다. 그것도 싼 것보다는 비싼 것을 더 좋아합니다. 우스갯소리로, 떡볶이 집에 가는 것보다 아웃백이나 빕스 같은 곳에 가면 들어서는 순간 성령님이 임하신다는 이야기가 있습니다. 들어가기도 전에 문 앞에서 아이들이 은혜(?)를 받는 것이죠. 그 정도로 아이들은 먹을 것을 통해 마음 문을 여는 경우가 많습니다.

캠프 때 보면 문제를 일으키는 아이가 꼭 한두 명씩 있습니다. 그런 아이는 어떻게 지도해야 할까요? 저는 그 아이들을 혼내거나 가르치려고 하지 않습니다. 대신 그 아이를 데리고 따로 조용한 곳을 찾아가거나 아이가 흥미를 갖는 곳에서 함께 있곤 합니다. 때론 가까운 곳에서 맛있는 것을 사 주기도 합니다. 지금 이 아이에게는 단체 활동이나 배움 등이 중요한 게 아닙니다. 아이가 힘들어 하고 있는데 아무리 좋은 교육을 시켜 준다고 해서 귀에 들어올 리 없습니다. 그래서 아이를 데리고 식사를 하거나 이야기를 들어주면서 관심을 가져 주는 것입니다. 그러면 아이는 마음의 문을 조금씩 열게 됩니다. 이런 식으로 캠프 중에 집에 가겠다고 하던 아이가 바뀌어 큰 은혜를 받고 더욱 성장하고 변화하는 것을 많이 보았습니다.

반대로 아이들 마음에 귀를 기울이지 않고 교사가 계속 옳은 말, 바른 말만 하게 되면 아이는 더 엇나가게 되어 있습니다. 그 말이 틀려서가 아니라 그 말을 들을 마음이 준비되지 않았기 때문입니다. 자신의 의견이나 기분은 개의치 않으면서 자꾸 아이에게만 들으라고 강요하면 아이는 마음이 상해서 더 하기 싫어할 것입니다. 어린아이다 보니 자신의 감정을 솔직히 표현하는 것입니다. 먼저 신뢰감이 이루어지지 않은 상태에서는 그 어떤 충고도 잔소리로만 들리는 법입니다.

또 한 가지, 제가 아이들의 마음 문을 열기 위해서 물질을 사용하는 방법에는 상장과 상품을 주는 것이 있습니다. 저는 아이들에게 상을 줄 때 상장을 많이 줍니다. 이때는 각자 아이들의 특성에 맞게 상장을 마련합니다. 예를 들어 1/4분기에 주일예배에 한 번도 결석하지 않았기에 주는 출석상, 전도를 많이 했다고 주는 전도왕상, 그 밖에도 모범 상장 등을 많이 줍니다. 이때 부상으로는 선물이나 문화상품권을 주기도 합니다.

보통 상장은 문구점에서 구입하여 컴퓨터로 글을 써서 담임목사님과 부장님 성함을 넣어 출력하여 줍니다. 상장을 받는 것이 아이들에게 얼마나 기쁜 일이며 큰 격려가 되는지 알기 때문입니다. 그리고 언젠가 TV에서 이런 장면을 본 적이 있습니다. 큰 회사가 사회에 돈을 기부했는데, 네모난 판에 금액을 적어서 기념사진을 찍는 장면이었습니다. 거기서 아이디어를 얻어, 저는 이런 식으로 바꿨습니다. 즉 네모난 판에 금액 대신 '출석왕', '전도왕', '모범상'이라고 써서 아이들과 함께 사진을 찍는 것이지요. 그렇게 하면 먼 훗날에도 기억에 남을 아주 멋진 시간이 될 것입니다. 이때 찍은 사진은 주보나 회보, 싸이 클럽에 올립니다.

또 싸이 클럽에 가입하여 활동을 많이 하는 아이들에게도 한 달에 한 번씩 작은 선물을 줍니다. 그것도 목사인 제가 직접 도토리를 10개나 20개씩 선물로 주는 것입니다. 아이들이 어찌나 좋아하는지, 이 방법은 그들에게 큰 격려가 되고 있습니다.

우리 아이들은 함께 사랑을 나누고 자신에게 관심을 가져 주는 교사를 좋아하게끔 되어 있습니다. 아무리 좋은 교육 내용을 가르친다 할지라도 관계가 회복되지 않는 한, 말씀이 그들에게 들어가기란 쉽지 않습니다.

그러니 주일뿐만 아니라 평일에도 아이들을 위해서 시간을 내 봅시다. 그들을 위해서 물질을 투자합시다. 함께 마음 문을 열고 교제할 수 있는 풍성한 시간이 있을 때 아이들을 더 많이 알 수 있고 파악할 수 있는 좋은 기회가 찾아올 것입니다.

하늘 영광 버리시고 이 땅에 성육신하셨던 예수님처럼, 우리는 아이들의 눈높이로 그들과 함께 호흡할 수 있는 교사가 되어야 합니다. 그래야 그들의 마음을 살 수 있고 그들을 이해할 수 있으며 우리의 가르침도 풍성해질 수 있습니다.

04 모든 성도는 교사다

　다음 세대를 위한 일은 하나님 나라의 관점에서 볼 때 아주 중요합니다. 그러므로 혼자서 혹은 몇 사람이 감당하기보다는 많은 동역자가 있는 편이 좋습니다. 교회에서는 직·간접적으로 다음 세대 사역에 함께 동역할 사람이 필요합니다. 이처럼 서로 마음을 합하여 동역할 때 하나님의 놀라운 역사를 보게 될 것입니다.

　그렇다면 구체적으로 어떤 사람들이 동역해야 할까요? 첫 번째 동역자는 바로 담임목사님입니다. 담임목사님의 철학이 다음 세대 사역에 미치는 영향력이 대단하기 때문입니다. 담임목사님이 다음 세대에 대한 비전을 갖고 있으면 교회학교는 반드시 달라집니다. 담임목사님의 철학과 가치관, 주관에 따라서 목회의 방향이 움직이기 때문입니다.

목사님께서 교육에 대한 설교를 많이 하시거나 영혼 구원에 대해서 설교한다면 교회가 자연히 다음 세대에 관심을 기울이게 될 것입니다. 담임목사님이 기도하실 때마다 교회학교 교사를 위해서 기도하신다면 교사들의 사기가 올라가지 않겠습니까?

저는 86학번인데, 신학교 2학년이던 87년도부터 부교역자(전도사)로 교회학교를 섬겼습니다. 그리고 1998년도에 목사 안수를 받아서 지금에 이르고 있습니다. 목사가 되기 전 10년 동안은 아이들에게 축도를 해 주지 못했습니다.

그러나 생각해 보십시오. 아이들도 교회의 성도이며 아이들도 주님의 양이지 않습니까? 목사가 되면서부터 저는 아이들에게 축도하기 시작했습니다. 98년 이후로는 계속해서 어린이 사역을 하며 아이들에게 축도해 줍니다. 집회나 캠프 때는 아이들을 강단으로 초청해서 안수하며 축복해 줍니다. 이런 축복을 담임목사님이 해 주신다면 얼마나 교회학교가 살아나겠습니까?

담임목사님이 "NO!" 하면 아이들을 위한 사역의 재정 지원이 줄게 됩니다. 그렇기에 담임목사님도 어린이 사역에서 직·간접적으로 중요한 위치를 차지합니다. 저는 여러분의 교회학교가 담임목사님과 좋은 관계를 이루어 아이들도 영적인 큰 축복을 누릴 수 있기를 소원합니다.

어린이 사역의 중요한 두 번째 동역자는 바로 장로님과 권사님입니다. 많은 분들이 직분을 갖게 되면 교사를 하지 않습니다. 그러나 우리 모두는 말씀을 배우는 자리에 있어야 하며, 그와 동시에 연약한 자를 가르치는 자리에 있어야 합니다. 배우거나 가르치는 자리에 있지 않는다면 살아 움직이는 역동적인 신앙생활을 하기가 어렵습니다. 장로님들과 권사님들이 사역 현장 가운데 함께 있을 때, 그 교회는 살아날 것입니다. 장로님들과 권사님들이 손자손녀처럼 아이들에게 사랑을 베풀어 준다면 삐뚤어지고 모난 아이들도 할머니 할아버지의 품에서처럼 포근함을 느끼지 않겠습니까?

어떤 교회학교에서는 학생들이 담임목사님의 성함을 알지 못하는 경우도 있습니다. 장로님과 권사님의 성함은 당연히 더 모릅니다. 그러나 이게 무슨 일입니까? 자기 교회 어른들의 성함을 모르다니요. 그러므로 장로님들과 권사님들이 어린이 사역에 직접적으로 뛰어드셔야 합니다. 교사 직이든 부장 직이든 아이들과 함께하셔야 합니다. 그러기가 어려운 상황이라면 간접적으로라도 함께 참여하여 협력하면서 힘을 실어 주어야 합니다. 그래야 다음 세대가 왕성하게 일어날 것입니다.

여기서 잠깐 제 이야기를 들려드리고 싶습니다. 제게는 하나님 앞에서 다시 한 번 다음 세대를 위해 재헌신하겠노라 다짐하게 만든 사건이 있었습니다.

어린이전도협회는 3년에 한 번씩 국제 대회를 합니다. 현재 177개국에서 어린이 사역을 하시는 각 나라 대표들이 모이는데, 보통 1-2천 명 정도가 모입니다. 국제 대회에서는 한 주간 동안 강의를 듣고 찬양과 교제를 하면서 세계의 어린이 전도 현황을 보게 됩니다. 그들의 간증을 들으면서, 또 전 세계에서 어린이를 위해 애쓰고 수고하는 분들을 보며 어린이 사역을 하는 일이 얼마나 소중하고 영광스러운 일인지를 매번 깨닫습니다. 실로 큰 격려가 되고 자부심을 느끼게 하는 소중한 기회입니다.

그런데 어느 대회의 마지막 밤을 저는 잊을 수가 없습니다. 국제 대회를 하는 첫날, 자신이 어린이 사역을 몇 년 했는지 쪽지에 써 내라고 했습니다. 그리고 마지막 날 밤에 저녁 집회를 마친 후 시상식을 진행했습니다. 그날, 사회자가 무대에 올라와 시상식을 시작하면서 이렇게 말하는 것입니다. "여러분 가운데 어린이 사역을 43년 하신 분은 앞으로 나와 주세요."

10년도 아니고 20년도 아니고 43년이나 어린이 사역을 해 온 사람을 초청하는 것입니다. 그런데 더 놀라운 것은 43년 동안 어린이 사역을 해 오신 분들이 너무나 많았다는 사실입니다. 그 분들이 앞으로 나오자 그들에게 금메달을 걸어 드리며 모두 함께 박수를 쳤습니다. 한국에서는 교사나 어린이 사역자로 20년만 근속해도 대단한 것인데, 무려 43년을 하신 분들이 수십 명이나 된다니 얼마나 감격스러웠던지요.

그 분들이 인사를 하고 들어가자 이번에는 또 사회자가 "여러분 가운데 어린이 사역을 44년 하신 분 앞으로 나와 주세요"라고 말하는 게 아닙니까. 저는 43년 다음에 42년 사역하신 분들을 부를 줄 알았는데, 제 예상과 정반대로 연수가 위로 올라가는 것이었습니다. 44년 사역을 하신 분들도 역시 많았습니다. 그렇게 45년, 46년, 47년, 48년, 49년, 50년 이렇게 부르는데 계속해서 교사가 나오는 겁니다. 어찌나 감동이 밀려오던지요. 결국 60년, 61년, 62년까지 어린이 사역을 하신 분들이 앞으로 나가 금메달을 받으셨습니다. 그리고 마지막으로 63년을 어린이 사역에 헌신한 분이 호명되자 한 사람이 앞으로 나왔습니다.

그 분의 나이가 63세가 아니라, 63년 동안 어린이를 사랑하여 전도하고 양육하셨던 분이 계셨던 거지요. 그 분이 강단으로 나와 금메달을 목에 걸고 인사하던 모습을 저는 지금도 또렷이 기억합니다. 그 연세가 되도록 현장에서 아이들을 전도하고 양육하면서 봉사하는 그 분을 보자 저는 정말 가슴이 터질 것 같았습니다. 그 분은 백발의 노인이셨지만, 너무나 아름답고 고귀해 보였습니다.

저는 그 분이 앞으로 나와 금메달을 목에 걸고 인사할 때, 자리에서 벌떡 일어나 무릎을 꿇고 하나님께 이렇게 기도했습니다. "하나님, 너무 부럽습니다." 시상식에서 금메달을 걸었던 많은 분들은 거의 미국인들이었습니다. 그래서 저는 이렇게 기도를 이어갔습니다. "하나님, 저런 분들이 있기에 오늘날 미국이 존재하는 줄로 압니다. 제 생애를 주님이 어떻게 쓰실지 알지 못하지만, 제 생애 다하는 날까지 다음 세대를 위해서 써 주십시오. 주 앞에 제 모든 것을 드리겠습니다." 바로 이때가 어린이 사역에 재헌신했던 순간입니다.

한편 자녀들을 키우는 집사님들도 교사를 하셔야 합니다. 자녀를 키워 봤으니 어린아이들을 잘 이해할 수 있습니다. 또한 자녀가 있는 집사님들은 가정에서도 학생들을 만납니다. 우리 자녀가 바로 학생이니까요. 날마다 아이들과 함께하는 사람보다 아이들을 잘 아는 사람이 어디 있겠습니까? 그런 사람이 교회에 와서 아이들을 지도하고 가르치면 교육의 연계성이 이루어집니다. 그런 사람이 좋은 교사로 세워질 수 있습니다. 제 경험으로 미루어 볼 때 아이들이 많은 반의 특징은 거의 3, 40대 집사님들이 교사로 헌신하는 반이었습니다. 그 분들은 안정감 있고 권위 있게 아이들을 가르치셨습니다. 심지어는 이런 중년 교사들 가운데 자기 반에 50명, 100명을 가르치는 교회를 본 적도 있습니다.

청년들은 말할 것도 없습니다. 아이들은 젊고 자기와 잘 놀아 주는 교사를 좋아합니다. 또한 교회 사정에 따라 다르겠지만, 학생들도 교사를 할 수 있습니다. 특별히 영동, 강원 지역에서는 학생들이 어린이를 섬기는 경우가 많습니다.

어린이전도협회 주최로 '3일 클럽 전도자 훈련'을 하면 백여 명의 전도자들이 함께 모입니다. 이때는 장로님, 집사님, 권사님, 청년뿐 아니라 중·고등학생들도 와서 전도자 교육을 받습니다. 배워야 할 나이에 무슨 교사를 하느냐고 할 수도 있겠지요. 그러나 학생이면서 동시에 교사인 사람들에게는 특별한 은혜가 있습니다. 가르치며 배우는 것이 정말 제대로 배우는 것이기 때문입니다. 목자의 마음을 갖고 영혼을 위해서 가르치는 일을 한다는 것, 기도하며 섬길 대상이 있다는 것은 그냥 예배자로 서는 것보다도 신앙이 성장할 수 있는 훨씬 좋은 계기가 됩니다.

이렇게 학생들이 전도 훈련을 통해서 은혜를 받아, 주변 아파트와 놀이터를 다니며 만나는 아이들을 붙잡고 복음을 전하는 모습을 보면 참으로 감동적입니다. 심지어 어떤 사람들은 자기 반에 목동 제도를 세워서 6학년 아이들을 보조교사로 봉사하게 하며 더불어 교회학교를 인도해 가기도 합니다.

아직도 교회에 교사가 없다고 생각하십니까? 온 교회 성도가 교사 후보가 될 수 있습니다. 아는 것이 부족하다고요? 훈련을 받으시면 됩니다. 중간에 사역을 하다가 그만둔 사람을 찾아보십시오. 하나님은 나를 통해서 일하기를 원하실 뿐 아니라 다른 사람도 쓰시기를 원하십니다. 아무리 나이가 많고, 능력이 없고, 물질이 없고 배운 것이 없다 할지라도 하나님이 쓰시겠다 하시면 아무것도 문제 될 게 없습니다.

교사를 할 수 없다면 함께 협력하며 도와주면 됩니다. 자기의 집을 오픈하여 아이들을 훈련하고 교회로 인도하는 가정이 될 수도 있습니다.

전 교회에 '모든 성도는 교사' 라는 인식이 있을 때 교사들이 많이 세워지게 됩니다. 모든 성도가 함께 교제하며 아이들을 위해 기도한다면 얼마나 좋겠습니까? 교회의 전체적인 흐름이 교사의 업무를 잘 보조해 주고 교사를 축복해 주는 그런 분위기라면 얼마나 좋겠습니까? 우리 교회에서 교육에 관심이 모아지고, 다음 세대에 대한 마인드가 확실하게 생기고, 전 성도가 교사로 세워진다면 얼마나 좋겠습니까?

담임목사님이 강단에서 설교할 때, 기도할 때, 광고할 때 교사의 중요성을 강조하는 교회가 되면 좋겠습니다. 뜨거운 마음을 품고 교사를 세워 아이들을 섬길 때, 하나님의 거룩한 뜻이 아름답게 펴져 갈 줄로 믿습니다.

THE NEXT GENERATION

/ 04 /

다음 세대와 교사

01
교사에게 꼭 필요한 영성

다음 세대의 영적 부흥을 위해서는 지도자인 교사와 사역자들이 목자의 영성을 회복해야 합니다. 지금도 우리에게 맡겨진 많은 영혼들은 목자 없는 양과 같이 방황하는 영혼들입니다. 지금도 목자이신 예수 그리스도를 만나지 못한 많은 사람들이 헤매고 있습니다. 주님은 당신에게 나아오는 무리를 바라보시며 안타까워하셨습니다.

무리를 보시고 불쌍히 여기시니 이는 그들이 목자 없는 양과 같이 고생하며 기진함이라 (마 9:36).

예수님은 왜 사람들을 바라보시면서 불쌍히 여기셨을까요? 모두가 병들고 가난했기 때문일까요? 그렇지 않습니다. 겉은 멀쩡한 사람도 많이 있었을 것입니다. 돈도 있고 집도 있고 옷도 있고 먹을 것도 잘 먹는 사람들도 많았을 것입니다. 그러나 예수님은 저들의 겉모습이 아니라 영적인 상태를 보셨습니다. 저들의 마음을 보셨습니다. 저들의 심령을 꿰뚫어 보신 것입니다. 주님은 그들이 목자 없는 양과 같이 고생하면서 기진맥진한 채 방향 감각 없이 헤매고 있는 것을 보셨습니다. 그렇게 유리방황하는 수많은 영혼들을 바라보시려니 주님의 마음이 너무 아프셨던 것입니다.

이 땅의 다음 세대를 살리는 교사 여러분들이 가져야 할 첫 번째 영성은 바로 주님과 같은 목자의 영성입니다. 영혼들을 바라보고 목자 없는 양과 같이 방황하는 영혼들을 불쌍히 여기는 뜨거운 마음 말입니다. 바로 그 마음이 우리 속에 있어야 합니다.

주님은 영혼들을 바라보시고 "아, 저들에게 돈이 좀 많이 있어야 할 텐데"라고 말하지 않았습니다. "저들에게 빵이, 밥이, 먹을 것이 많이 있어야 하는데"라고도 말하지 않았습니다. 예수님은 "저들이 목자를 만나야 할 텐데"라면서 정말 안타깝게 여기셨습니다.

주님은 이 모든 자연과 만물에도 관심이 많으시지만, 사람에게 더 관심이 많으십니다. 특별히 겉모습보다 우리 영혼의 속사람에게 관심을 가지고 계십니다. 바로 사람들은 양과 같은 존재이기 때문입니다.

주님은 성경 전체에서 양과 목자에 대해 계속해서 언급합니다. 이사야 53장 6절 말씀에 "우리는 다 양 같아서 그릇 행하여 각기 제 길로 갔거늘 여호와께서는 우리 모두의 죄악을 그에게 담당시키셨도다"라고 했는데, 이때 "그릇 행하여 각기 제 길로 가는 양"이 바로 우리입니다. 주님은 계속해서 말씀하십니다. "나는 선한 목자라 선한 목자는 양들을 위하여 목숨을 버리거니와"(요 10:11). 주님은 우리를 위해 목숨을 버리시는 목자이십니다. 오늘 본문도 우리를 목자 없는 양처럼 불쌍히 여기시는 주님에 대해 말하고 있습니다.

많은 동물들 가운데 양은 우리와 너무 비슷합니다. 양들은 방향 감각이 없고 멀리 보지도 못한다고 합니다. 그래서 스스로는 푸른 초장이나 잔잔한 물가로 갈 수 없다고 합니다. "저기 앞으로 100미터 직진한 후 좌회전해서 200미터 가면 푸른 초장이 있습니다"라고 말해도 양들은 갈 수가 없는 것이지요. 양들이 스스로 길을 찾아간다면 절망과 사망과 어두움과 파멸에 직면할 수밖에 없을 것입니다. 더욱이 양은 계곡에서는 물을 먹을 수가 없다고 합니다. 그렇기에 반드시 푸른 초장과 잔잔한 물가를 찾아야 하는데, 찾지 못하고 헤매는 일이 다반사입니다. 그래서 양에게는 꼭 목자가 필요합니다.

선한 목자는 양을 친히 인도합니다. 그들은 양을 푸른 초장으로 인도합니다. 계곡에 들어가서는 손과 발을 걷어붙입니다. 그리고 도랑을 파기 시작합니다. 계곡일지라도 도랑을 파서 잔잔한 물가로 만들어 놓은 다음에야 양을 인도하는 것입니다. 그는 양이 마음껏 물을 마실 수 있도록 도와줍니다. 이처럼 목자가 있으면 방향 감각이 없는 양도 목자를 따라 편히 살 수 있습니다.

여기서 잠깐 요즘 아이들을 한번 생각해 볼까요? 요즘 아이들은 방향 감각이 없는 것 같습니다. 자기가 원하는 대로 마음대로 살아가지만, 그들은 결코 그들의 영혼을 풍요롭게 하는 푸른 초장에 머물지 못합니다. 자기의 욕심에 의해서 살아가다 결국엔 파멸로 갈 수밖에 없는 것입니다. 양처럼 방향 감각이 없는 존재이기 때문에 그렇습니다.

바로 그렇기에 우리 아이들은 목자를 만나야 합니다. 목자가 친히 보호해야 합니다. 친히 앞장서야 합니다.

양의 두 번째 특징은 더러움을 좋아하는 것입니다. 양은 보통 하얗다라고 생각합니다. 그러나 양은 바깥에서 풀을 먹고 사는 동물이기 때문에 결코 하얗지 않습니다. 세상의 각종 세균들이 양털 안에 득실득실합니다.

제가 뉴질랜드에 사역을 위해 갔을 때, 그리고 성지 순례를 갔을 때 양을 직접 본 적이 있습니다. 양 쇼도 하고 양의 털을 깎는 모습도 보았습니다. 양이 100마리, 200마리 많이 모여서 움직이는 모습을 보았습니다. 그런데 새하얀 줄 알았던 양의 털이 흙탕물에 뒹굴었는지, 완전히 더럽혀져 있었습니다. 이것도 사람들과 비슷합니다. 사람이 아무리 깨끗하게 살려고 해도 이 땅의 죄악과 세상의 나쁜 문화들에 오염될 수밖에 없습니다. 아이들도 세상 속에서 죄악 가운데 살아갑니다. 그래서 양에게는 선한 목자가 있어야 합니다. 목자가 더럽혀진 양을 씻겨 주어야 양이 깨끗해집니다. 이처럼 양에게 있어 목자는 선택 사항이 아니라 필수 사항입니다.

우리 주위에 있는 아이들이 목자를 만날 때, 그리고 교사가 목자의 영성을 회복할 때 양들은 더러움에서 깨끗해질 수 있습니다. 절망 가운데 인생의 방향을 잘 모르던 수많은 백성들이 진리 가운데 푸른 초장을 찾을 수 있습니다.

뿐만 아니라 양은 호랑이나 사자처럼 발톱이 날카롭거나 이빨이 사납지도 않습니다. 뿔이 있긴 하지만 찌를 만큼 날카로운 것도 아닙니다. 방어 능력이 없는 것입니다. 카멜레온처럼 변화할 수 있는 보색도 없습니다. 그렇다고 잘 뛰어 도망칠 수 있는 것도 아닙니다. 사나운 맹수들이 오면 도망가다가 잡혀 먹는 것이 바로 양인 것이지요.

하지만 목자가 있으면 양을 보호합니다. 그가 지팡이로 양들을 인도할 것이며 막대기로 양들을 보호할 것입니다. 사나운 맹수가 온다 할지라도, 곰이나 늑대가 온다 할지라도 선한 목자는 양을 지킵니다. 도망가지 않고 사자에게 물맷돌을 던지거나 막대기로 때리기도 합니다. 심지어는 사자의 입을 찢어서 그 입안에서 양을 꺼내기도 하지 않습니까? 그러므로 목자의 영성을 회복할 수 있다면 양들을 보호할 수 있을 것입니다. 축복할 수 있을 것입니다. 그 양들이 외로워하지도 않을 것입니다. 마침내 이 양들은 고백할 것입니다. "여호와는 나의 목자시니 내가 부족함이 없으리로다." 이처럼 목자가 있다면, 목자를 만날 수만 있다면 양들은 안심할 수 있습니다.

사람들은 이런 것들이 푸른 초장과 잔잔한 물가라고 말합니다. 세상의 물질, 세상의 명예, 유명 브랜드, 성적, 점수, 학력 같은 것들 말이지요. 그러나 그렇지 않습니다. 우리는 반드시 목자가 되시는 주님을 만나야 합니다. 그러기 위해서는 교사인 우리가 목자의 영성을 회복해야 합니다. 양들을 안타깝게 여기고 저들을 사랑하고 축복하며 주 앞에 온전히 인도할 수 있는 목자의 영성을 회복해야 합니다.

우리 모든 교사들이 목자가 될 수 있다면 그 반과 그 교회는 행복할 것입니다. 선한 목자 밑에서 자란 수많은 아이들은 참다운 기쁨과 평안과 행복을 맛볼 것입니다. 또한 나중에는 그들도 좋은 목자가 되어 다른 양들을 그리스도 앞으로 인도하는 아름다운 역사가 계속해서 이어져 나갈 것입니다. 그러므로 부디 우리 모두가 목자의 영성을 갖고 다음 세대를 살릴 수 있는 신실한 교사가 되기를 간절히 축복합니다.

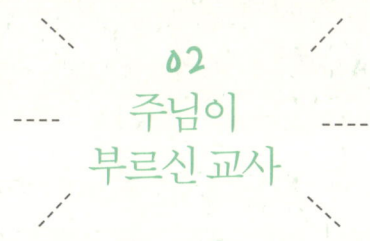

02 주님이 부르신 교사

교사는 다음 세대를 위해서 참 중요한 역할을 하는 사람들입니다. 아이들이 예수님을 믿을 수 있도록 도울 뿐만 아니라, 그 아이가 하나님의 영광을 위해서 살아갈 수 있도록 은사를 계발해 주는 사람이기 때문입니다. 하나님께서 이 땅 가운데 귀한 아이들을 보내신 목적을 알고 마음을 다해 돕는 사람이 바로 교사입니다.

그러므로 '어떤 사람이 교사로 섬기느냐' 하는 것은 '어떤 내용으로 교육하느냐', '어떤 교재로 교육하느냐' 보다도 더 중요합니다. 사람이 가장 중요한 것입니다. 정말 신실한 교사, 정말 좋은 교사가 세워지면 그 어떤 내용도 다 소화할 수 있기 때문입니다. 기도하는 교사이기 때문에, 영혼을 사랑하는 교사이기 때문에 강력한 메시지가 전달되고 영혼이 변화됩니다. 목사와 똑같진 않지만 교사도 목사의 직분을 일부 감당합니다. 영혼을 다루고 있고, 말씀을 가르치고 있고, 기도하고, 사랑하며 복음을 증거하기 때문에 그렇습니다.

> 하나님이 교회 중에 몇을 세우셨으니 첫째는 사도요 둘째는 선지자요 셋째는 교사요(고전 12:28).

> 그가 어떤 사람은 사도로, 어떤 사람은 선지자로, 어떤 사람은 복음 전하는 자로, 어떤 사람은 목사와 교사로 삼으셨으니(엡 4:11).

이처럼 교사는 하나님께서 세우셨습니다. 담임목사님이나 부장님이나 전도사님이나 교회의 어른들이 하라고 해서 세운 것이 아니라 살아계신 하나님, 전능하신 하나님, 다음 세대의 부흥을 일으키기 원하시며 이 땅의 수많은 아이들이 구원을 받고 믿음으로 세워지기를 원하시는 바로 그 하나님께서 교사로 임명하셨습니다.

사도 바울은 서신을 쓰면서 항상 자신이 어떤 사람인지 되돌아보았습니다. 자기의 신분, 자기의 직분을 드러냄으로써 바울은 하나님께로부터 부름 받았다는 인식을 보여 주었습니다. 이처럼 하나님께서 자신을 세웠다는 의식이 분명하므로 그는 평생 흔들림 없이 주님 앞에 쓰임 받은 것입니다.

우리 역시 하나님이 부르셨고 하나님이 세우셨고 하나님이 지명하셨습니다. 하나님이 교사를 세웠다는 이 소명의식에 불타는 교사가 되기를 바랍니다. 이런 소명의식이 분명한 사람은 어떤 어려움이 와도 흔들리지 않습니다. 날씨가 춥거나 덥거나 상관없습니다. 또 어려운 일을 당해도 개의치 않습니다. 하나님이 세우셨기 때문에 자기 마음대로 그만두거나 지각하거나 게으르게 지낼 수가 없습니다. 하나님께서 이 땅의 영혼들을 구원하시려고 세우셨기 때문에 자부심을 갖고 믿음으로 전진합니다. 바로 그런 교사를 통해서 하나님은 놀라운 일들을 이루어 가실 것입니다. 소명의식이 확실한 사람을 통해서 큰일을 하실 것입니다.

어린이 사역은 그렇게 만만하거나 우스운 사역이 아닙니다. 하나님 나라의 큰 사역입니다. 영적인 사역입니다. 하나님의 사역입니다. 주께서 기뻐하시는 사역입니다. 더욱이 교사로 자원하고 헌신하면 그 심령과 생애가 살아납니다. 주님 앞에 먼저 헌신하고 나아가면 그를 통해서 교회가 살고 민족이 살아납니다.

일반적으로 학교 교사들은 사회에서 영향력 있는 사람으로 살아가는 법을 가르치지만, 교회학교 교사들은 참 진리를 통해 영원한 삶과 진정으로 가치 있는 삶을 살도록 가르칩니다. 뿐만 아니라 이 땅에서도 영향력 있는 삶을 살도록 비전을 심어 줍니다. 요컨대 교회 교사는 영혼을 다루는 사람인 것입니다.

한 아이라도 하나님의 사람이라는 비전을 품고 세상을 변화시킬 수 있는 제자로 세울 수 있다면 그 교사는 가치 있고 의미 있는 귀한 직분을 감당한 것입니다. 이만큼 교사는 중요한 사람입니다. 그런데 우리 중에는 자신이 얼마나 하나님 앞에서 중요한 존재인지 모르는 교사들이 많습니다.

물론 교회 교사가 힘든 직분인 것은 사실입니다. 어떤 분들은 식당 봉사, 주차 봉사, 교회학교 교사를 교회의 3D 직분이라고 말하기도 합니다. 더군다나 요즘 학생들은 보통 아이들이 아닙니다. 자기 자식 가르치기도 어려운 일인데 남의 자식을 가르치기란 훨씬 더 어렵습니다. 또한 교사를 하면 많은 시간을 자신이 아니라 아이들을 위해 사용해야 합니다. 주말에 어디 가는 것도 쉽지 않고 개인적으로 물질을 써야 할 때도 많아 늘 손해를 감수해야 합니다. 하지만 단언하건대 교사만큼 영광스러운 직분은 없습니다.

교사는 이 세상에서 축복의 통로입니다. 누구를 만나 무엇을 배우느냐에 따라 아이들의 생애는 달라질 수 있습니다. 이런 교사의 직분을 교회나 성도들이 잘 알아주지 못하는 것이 오늘날의 현실입니다. 앞으로는 교회에서 교사들을 더 많이 격려하고 축복해 주어야 할 것입니다. 왜냐하면 교사의 손에 교회와 다음 세대의 미래가 달려 있기 때문입니다.

주님도 우리 교사들에 대해 굉장히 기대하고 계십니다. 우리를 세우신 그분이 우리를 통해서 놀라운 일들을 행하기 원하십니다. 이 사실이 얼마나 감동적입니까?

나 같은 죄인을 위해서 예수님께서 십자가에 달려 죽으시고 부활하신 이 놀라운 사건이 사실이라면, 우리가 가야 할 천국이 있다는 것이 사실이라면, 하나님께서 우리를 통해서 놀라운 일들을 이루신다는 것이 정말 사실이라면, 우리는 우선순위를 주님께 두고 주님을 향해서 전진해야 합니다. 그러면 마침내 면류관과 칭찬과 축복을 받는 놀라운 인생이 될 줄로 믿습니다. 인간의 재주와 기교로, 실력과 재능과 지식으로 하는 것이 아니라 하나님의 도우심을 구하면서 이 사역을 잘 감당하시기 바랍니다.

기억하십시오. 교사가 살아야 아이들이 살고 아이들이 살아야 교회가 삽니다. 교사는 하나님이 세우셨습니다. 그러므로 교사는 그 무엇보다 영광스러운 직분입니다. 교사는 아이들이 놀라운 축복의 세대의 주역으로 쓰임 받을 수 있도록 그들의 은사를 계발시켜 주고 그들을 잘 세울 수 있어야 합니다. 따라서 교회들마다 준비된 교사를 세울 수 있다면, 우리 교회학교 사역이 더욱 번성하고 부흥할 것입니다.

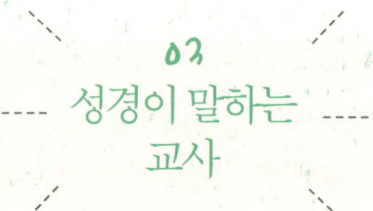

성경에서 말하는 교사는 어떤 사람일까요? 그것은 바로 아비 같은 사람, 부모 같은 사람입니다. 성경이 말씀하시는 소리를 잘 들어 보십시오.

> 그리스도 안에서 일만 스승이 있으되 아버지는 많지 아니하니 그리스도 예수 안에서 내가 복음으로써 너희를 낳았음이라 그러므로 내가 너희에게 권하노니 너희는 나를 본받는 자가 되라(고전 4:15-16).

사도 바울은 독신으로 사역한 사람입니다. 그런데 이런 사도 바울이 단호하게 "내가 너희를 낳았다"고 말합니다. 고린도교회를 향해 '그리스도 예수 안에서 복음으로써 내가 너희를 낳았다'고 하는 것입니다. 스승보다도 아비 같은 사람이 되라고 성경은 말하고 있습니다. "복음으로써 내가 너희를 낳았다"고 자신 있게 말할 수 있는 아비 같은 교사가 되라는 말입니다.

그리고 이어지는 16절은 "그러므로 내가 너희에게 권하노니 너희는 나를 본받는 자가 되라"고 말하고 있습니다. 사도 바울이 아비 같은 교사가 된 것처럼 너희들도 아비 같은 교사가 되라고 촉구하고 있는 것입니다. 그냥 교사 말고 정말 아비의 심정으로 영혼들을 위해서 기도하고 사랑하고 세우는 교사가 필요하다는 말씀입니다.

그렇다면 부모 같은 교사, 아비 같은 교사는 어떤 교사일까요?

첫 번째는 자녀를 낳는 사람입니다. 자녀를 낳아야 부모가 됩니다. 아무리 많은 아이들이 있어도 자기가 낳은 자식이 가장 소중하고 사랑스럽지 않겠습니까? 그것이 바로 부모의 심정입니다. 그렇다면 영적으로 자녀를 낳는 것을 무엇이라고 할까요? 바로 전도입니다. 자기가 직접 전도를 해서 가르친 아이는 남다릅니다. 직접 눈물과 사랑을 쏟아서 낳고 기른 아이가 어떻게 해마다 배정 받는 아이와 같겠습니까?

그러므로 우리는 단순히 공과책을 들고 주일날 나와서 가르치는 교사를 뛰어넘어, 잃어버린 영혼을 찾기 위한 목표를 가지고, 저들을 위해서 기도하고 직접 달려 나가서 만나고 복음을 증거하는 교사가 되어야 합니다. 아이들이 구원의 감격을 누리면서 고백하기를 "선생님 때문에 제가 주님을 만났습니다"라고 할 수 있어야 합니다. 그런 고백을 듣는다면 그 기쁨과 환희와 감격은 이루 말할 수 없을 것입니다.

언제 아이를 향한 사랑의 마음이 식어집니까? 바로 교사가 아이들을 영적으로 낳지 않았을 때입니다. 우리가 저들을 낳았다면, 피를 쏟는 참 희생이 있었기에 더 소중하게 기를 것입니다. 이것이야말로 하나님께서 정말 기뻐하시는 교사의 모습입니다.

성령 충만한 교사는 전도하는 교사입니다. 성령을 체험하기 원한다면 전도 현장에 있어야 합니다. 복음이 전파되는 그 자리에서 성령의 임재하심을 경험할 수 있습니다. 교사들을 훈련시키다 보면 많은 분들이 말씀이나 강의, 기도를 통해서도 은혜를 받지만, 전도 현장에 나가서 아이들을 만나고 복음을 증거할 때 가장 큰 은혜를 받는 것을 보게 됩니다. 아이가 주님을 영접하는 그 놀라운 순간들을 보면서 부모와 교사가 감격해 큰 은혜를 경험하는 것입니다.

사랑하는 교사 여러분, 우리는 영적 자녀를 얼마나 낳고 있습니까? 얼마나 전도하고 있습니까? 얼마나 복음을 증거하고 있습니까? 얼마나 영혼들을 불쌍히 여기고 있으며 발을 내디뎌 동네로 다니면서 전도하고 있습니까? 하나님은 우리를 통해서 수많은 백성이 복음을 듣게 되기를 원하십니다. 교사들이 학생을 영적인 자녀로 여기며 '내가 너를 낳았다'라고 말하기를 원하십니다. 정말 이렇게만 된다면 하나님께서 얼마나 기뻐하시겠습니까?

그러므로 교사 여러분, 얻어서 키우지 말고 낳아서 기릅시다! 얻어서 키우는 것도 소중한 일입니다. 누가 전도를 해서 "3학년 선생님, 잘 좀 인도해 주세요. 잘 좀 지도해 주세요"라고 부탁할 때, 그 영혼을 받아 키우는 것도 참 소중한 일입니다. 그러나 그때 그 아이에 대한 애착과 애정이 직접 낳아서 기르는 것만 하겠습니까? 내가 아이를 낳아 기를 수 있다면, 내가 정말 큰 고통과 아픔을 감내하고 저들을 낳을 수만 있다면 저들을 향한 사랑과 열정, 그들을 향한 축복의 질이 달라질 것입니다.

내가 낳은 자식 하나 없이 모두 얻어서 키워서는 안 됩니다. 낳아서 키워 봐야 자식을 더 사랑할 줄 알게 됩니다. 그러면 얻은 자식도 더 잘 키우게 됩니다.

두 번째로, 부모 같은 교사는 자녀를 기르는 사람입니다. 다시 말해 '양육하는' 사람입니다. 갓 태어난 아기에게는 기저귀와 우유가 필요합니다. 아기를 양육할 사람이 꼭 있어야 합니다. 낳은 아이를 말씀과 믿음으로 양육하지 않는다면 저들은 부모 없는 아이가 되고 말 것입니다. 그렇다면 영적으로 낳은 아이는 무엇으로 양육해야 할까요? 바로 영적인 양식인 말씀으로 양육해야 합니다. 정말 교사가 아비라면, 그 아비를 통해서 자녀가 말씀으로 양육 받아야 합니다.

요즘은 아이를 버리는 부모도 있습니다. 제가 아는 시설에만 해도 부모가 살아 있는데도 이곳으로 온 아이들이 상당히 많습니다. 그런데 제대로 말씀 준비를 하지 않고 제대로 기도하지 않고 사랑을 쏟지 않는 교사라면, 자녀를 낳아 놓고 버리는 부모와 동일하지 않겠습니까? 우리는 책임을 져야 합니다. 아이들이 장성하게 자라도록, 아이들이 또 다른 백성들을 낳을 수 있는 제자이자 주님의 강한 군사로 세워지도록 양육해야 합니다. 우리가 말씀을 준비하지 않는다면 아이들은 제대로 양육 받을 수 없을 것입니다. 우리가 기도하지 않는다면 아이들은 커 나갈 수 없을 것입니다. 우리가 사랑하지 않는다면 아이들은 잘 자랄 수가 없을 것입니다.

부모가 낳은 자식을 잘 먹이고 잘 보살피고 잘 양육해야, 그 아이가 바른 일꾼이 되어 하나님의 영광을 위해서 멋지게 쓰임 받을 수 있습니다. 내가 한 주간 영혼들을 위해서 기도하지 않고 관심 두지 않고 사랑하지 않고 말씀도 제대로 준비하지 않는다면 아이들은 똑바로 자랄 수가 없습니다. 영양실조에 걸려서 비틀거릴 것이며 결국 세상에 나가서 실패하고 말 것입니다.

거듭 강조하지만 주님께서 정말 기뻐하시는 교사는 아비 곧 부모입니다. 자녀를 영적으로 낳고 기르는 일을 잘하는 교사를 주님은 원하십니다. 교회에는 아비의 심정을 갖고 복음을 전하는 사람들이 필요합니다. 아비의 심정을 갖고 아이들의 영혼이 변화되도록 양육하는 사람들이 필요합니다. 그런 교사를 만나면 어린이가 주님을 모시는 아름다운 역사가 있게 될 것입니다. 어린이들이 말씀과 사랑과 눈물의 기도로 성장하는 아름다운 역사가 일어날 것입니다. 이 책을 읽는 모든 분들이 많은 영혼들을 낳고 잘 기르는 영적 아비가 될 수 있기를 축복합니다.

　제가 한 가지 일화를 소개할까 합니다. 보스턴에 있는 한 보호소에 앤이라는 소녀가 있었습니다. 앤의 엄마는 죽었고 아빠는 알콜 중독자였습니다. 아빠로 인한 마음의 상처가 깊었던 앤은 보호소에 함께 온 동생마저 죽자 큰 충격에 빠졌습니다. 그리고 갑자기 눈이 안 보이기 시작했습니다.
　앤은 수시로 자살을 기도하고 괴성을 질렀습니다. 결국 회복 불능 판정을 받은 앤은 정신병동 지하 독방에 수감되었습니다. 모두가 앤의 치료를 포기했을 때, 로라라는 한 간호사가 앤을 돌보겠다고 자청했습니다. 로라는 앤을 치료하기보다는 그냥 친구가 되어 주었습니다. 그녀는 날마다 과자를 들고 앤을 찾아가서 책을 읽어 주고 기도도 해 주었습니다. 그렇게 한결같이 사랑을 쏟았지만, 앤은 담벼락처럼 아무 말도 없었고 로라가 가져다 준 특별한 음식도 먹지 않았습니다.
　그러던 어느 날, 로라는 앤 앞에 놓아 준 초콜릿 접시에서 초콜릿이 하나 없어진 것을 발견했습니다. 용기를 얻은 로라는 계속 책을 읽어 주며 기도해 주었습니다. 그러자 점차 앤은 조금씩 반응을 보였습니다. 가끔은 정신이 돌아온 사람처럼 얘기하기 시작했고, 얼마 지나지 않아 얘기의 빈도수도 많아졌습니다.

마침내 2년 만에 앤은 정상인 판정을 받았습니다. 그 뒤 그녀는 파킨스 시각장애아학교에 입학했고, 교회에 다니면서 신앙심으로 밝은 웃음을 되찾았습니다. 그 후 로라가 죽는 시련도 겪었지만, 앤은 희망을 보는 마음의 눈으로 시련을 이겨내고 학교를 최우등생으로 졸업했습니다. 그리고 기적적으로 한 신문사의 도움을 받아 개안 수술에도 성공했습니다.

수술 후 어느 날, 앤은 한 신문 기사를 보게 되었습니다. '보지 못하고 듣지 못하고 말하지도 못하는 아이를 돌볼 사람을 구합니다' 라는 기사였습니다. 앤은 그 아이에게 자신이 받은 사랑을 돌려주기로 결심했습니다. 사람들은 못 가르칠 거라고 했지만 앤은 말했습니다. "저는 하나님의 사랑을 확신해요." 결국 앤은 사랑으로 이 아이를 양육했고 마침내는 20세기 최대의 기적의 주인공으로 키워 냈습니다. 그 아이가 바로 헬렌 켈러입니다. 그리고 이 선생님의 이름이 바로 앤 설리번입니다.

로라는 앤과 함께 있어 주고 그녀의 고통에 공감하면서 앤을 정상인으로 만들어 냈습니다. 그리고 로라의 도움을 받은 앤 설리번은 헬렌 켈러와 48년 동안 함께 있으면서 그녀를 위대한 교육자로 키워 냈습니다. 헬렌이 하버드 대학에 다닐 때 앤은 헬렌과 모든 수업에 동석하여 그녀의 손으로 강의 내용을 적어 주었습니다. 헬렌은 말합니다. "항상 사랑과 희망과 용기를 불어넣어 주는 앤 설리번 선생님이 없었으면 저도 없었을 것입니다. 만약 제가 볼 수 있다면 가장 먼저 설리번 선생님을 보고 싶습니다."

이처럼 마음의 상처를 치유하는 일은 상처에 대한 적절한 분석과 충고가 아니라 그냥 함께 있어 주는 데서부터 시작됩니다. 헬렌 켈러를 세웠던 앤 설리번도 예전에는 정상인이 아니었습니다. 하지만 로라의 따뜻한 사랑과 그의 섬김으로 말미암아 앤 설리번이 세워지게 됐고, 앤 설리번의 그 아름다운 희생 때문에 헬렌 켈러가 세워지게 된 것입니다.

마찬가지로 우리가 주님을 사랑하며 영혼을 아끼는 마음으로 잘 준비하고 다음 세대의 영혼들을 섬긴다면 틀림없이 헬렌 켈러와 같은 믿음의 일꾼들이 많이 세워지는 역사가 있을 것입니다. 여러분 모두를 통해서 다음 세대에 영적인 거성들이 아름답게 세워지는 은혜가 있기를 간절히 축복합니다.

04
신앙과 실력을 업그레이드하라

제가 좋아하는 말 가운데 이런 말이 있습니다. "교회가 세상을 제자 삼지 않으면 세상이 교회를 제자 삼을 것이다." 이 문구를 처음 보았을 때 얼마나 충격이던지요. 그 후로 저는 늘 다이어리나 메모지에 이 문구를 적어 놓고 되새깁니다. 강의를 할 때 이 문구를 사용하기도 합니다. 이 말은 이렇게 바꿀 수도 있을 것입니다.

"교사가 아이들을 제자 삼지 않으면 세상이 아이들을 제자 삼을 것이다."

교사가 아이들을 제자 삼지 않으면 세상이 아이들을 가만히 두지 않을 것입니다. 세상이 아이들을 제자 삼을 것입니다. 그러므로 더욱 준비된 교사, 영혼을 정말 사랑하는 교사, 복음이 있는 교사, 아이들을 정말 주 앞으로 인도할 수 있는 교사들이 세워져야 합니다. 그래야 우리 아이들이 세상을 이길 능력 있는 믿음의 일꾼들로 세워질 수 있습니다. 그러기 위해서는 먼저 교사들이 잘 준비되고 균형 있게 성장해야 합니다. 그 분야에 전문가가 될 수 있다면 얼마나 많은 인재들을 세울 수 있겠습니까.

교회마다 교사 때문에 애를 먹는 곳이 많습니다. 새해가 시작한 지 한 달도 안 되어 그만두겠다는 교사도 있다고 합니다. 억지로 교사를 시작하기는 했으나, 짐만 되고 기쁨이 없기 때문입니다. 교사를 하기 위한 지적인 소양에 앞서 그 심령 속에 은혜가 없기 때문에 그런 일이 일어나는 것입니다.

때문에 교사들은 가장 먼저 은혜가 충만한 사람이어야 합니다. 예배 때마다 은혜를 공급 받고, 늘 주님과 교제하는 사람이어야 합니다. 영혼들을 생각하고 기도하는 마음으로 아이들을 잘 섬겨야 합니다. 그래야 그 교사를 통해서 많은 아이들이 아름답게 세워질 수 있습니다. 또한 교사는 먼저 힘써 여호와를 알아야 합니다. 하나님을 제대로 알 때 하나님을 기쁘시게 할 수 있습니다.

그러면 하나님은 어떻게 알 수 있을까요? 하나님은 당신이 스스로 어떤 분이신지, 무엇을 좋아하시고 무엇을 싫어하시는지를 글로 적어 우리에게 알려 주셨습니다. 그러니 하나님을 알고자 하는 사람은 당연히 하나님이 쓰신 글을 읽어야 합니다. 그것이 바로 성경입니다.

주일이 되기 전에 부장님과 교역자들과 교사들이 함께 모여서 주일을 준비하며 공과를 나누어야 합니다. 먼저, 교사에게 주시는 메시지를 나누고 은혜를 받아야 합니다. 일주일 내내 공과와 설교를 준비할 수는 없으므로 하루라도 함께 모여서 말씀을 나누고 가르칠 내용을 마음에 새겨야 합니다. 교사가 먼저 영적으로 풍성해져야 영혼들이 그 교사를 통해 생명의 양식을 먹을 수 있는 것입니다.

또한 교사는 열정을 가져야 합니다. 은혜가 없으면 당연히 열정도 없습니다. 교사의 열정은 아이들에게 고스란히 전달됩니다. 교사의 기도도 아이들에게 그대로 전달됩니다. 교사가 주님 앞에 올바로 서는 열정이 있을 때, 그를 만나는 수많은 아이들이 믿음으로 온전케 됩니다. 한번쯤 해 볼까 하는 자세로 교사의 직분을 감당해서는 안 됩니다. 다음 세대를 살리는 사역에 올인해야 합니다. 미쳐야 합니다. 목숨을 걸어야 합니다. 그래야 능력이 흘러나옵니다. 그래야 열매를 맺을 수 있습니다.

한편 교사는 '지, 정, 의'가 준비되어야 합니다. 먼저 지적으로 풍성히 가르칠 수 있도록 준비해야 합니다. 그러기 위해서는 좋은 책을 봐야 합니다. 좋은 책을 읽고 함께 독서 토론을 하며 나누는 것도 교사의 지적인 성숙을 위한 좋은 기회가 됩니다. 교회 내에서 교사들이 돌아가면서 책을 볼 수 있도록 좋은 책을 추천하는 것도 한 가지 방법일 수 있습니다. 혹은 월간지를 보는 것도 대단히 좋을 것입니다. 월간지는 시대를 반영합니다. 또 문화를 반영합니다. 매달 정기적으로 발행되기 때문에 이 시대에 꼭 맞는 좋은 내용들이 실려 있습니다. 그래서 요즘의 이슈가 무엇인지, 어린이 교육의 흐름이 어떻게 되는지를 배울 수 있습니다. 모쪼록 책 읽는 교사가 되십시오.

교사는 머리뿐만 아니라 가슴이 뜨거워야 합니다. 하나님 앞에서 감정이 살아 있어야 합니다. 영혼을 위해서 울 수 있는 교사, 하나님 말씀을 보면서 눈물을 흘릴 수 있는 교사, 내가 먼저 가슴을 치며 회개할 수 있는 교사, 감동 받을 수 있는 교사가 영혼을 사랑할 수 있습니다.

또한 우리의 의지로 봉사하는 일들, 청소하는 일들, 헌신하는 일들이 많아져야 할 것입니다. 우리가 모범적으로 아름답게 세워질 때에 많은 아이들이 우리를 바라보며 도전을 받고 따라하면서 좋은 일꾼으로 세워질 것입니다. 교사가 게으르고 나태하면 그 영향력이 아이들에게 고스란히 전달됩니다.

무엇보다 교사는 전문가가 되어야 합니다. 1년, 2년, 3년, 5년, 10년, 이렇게 교사로서 아이들을 섬기는 햇수가 늘어 갈수록 우리는 점점 그 분야에 전문가가 되어야 합니다. 그러나 준비하지 않고 가르치면서 세월만 지나가면 10년을 해도 전문가가 될 수 없습니다. 교사가 성숙되고 전문성을 갖추면 다음 세대에게는 희망이 있고 비전이 있습니다. 그런데 교사가 준비되지 않고 훈련 받지 않는다면 교회 교육이 무너집니다. 교사가 다음 세대를 무너뜨리는 것입니다. 이렇게 준비 안된 교사들이 많아질 때 교회학교의 미래는 어두워집니다.

교육을 받지 않는 교사가 많아지면 그 교회 교육은 부실 공사가 되고 맙니다. 뿐만 아니라 준비 안된 교사를 만나는 수많은 아이들은 참 불행한 인생을 살 수밖에 없습니다. 준비되지 않은 교사에게서는 하나님의 인물들이나 지도자들이 생겨나지 않습니다. 때우기 식 교육에는 능력이 없으니까요. 그러므로 교사라면 아이들을, 영혼들을 사랑하며 그들에게 정말 집중해야 합니다. 우리 때문에 아이들이 불행해지면 되겠습니까? 자신뿐만 아니라 아이들을 위해서라도 우리는 열심히 배워야 합니다.

그러므로 좋은 교사가 되려면 반드시 교육을 받아야 합니다. 좀 더 시간을 투자해서 자료를 구입하고, 좋은 선교 단체를 통해서 열심히 배워야 합니다. 다행히도 우리가 조금만 노력하면 배울 수 있는 곳이 얼마나 많은지 모릅니다.

주위에서 교사들을 훈련시키는 곳을 찾아보십시오. 지적으로 훈련시키고 우리의 가슴을 뜨겁게 할 수 있는 곳, 우리를 인격적으로나 기술적으로 잘 준비되게 하는 훈련소가 주위에 많이 있습니다. 훈련 받은 교사에게 희망이 있음을 반드시 기억해야 합니다.

한 예로, 제가 속해 있는 어린이전도협회에서는 3일 클럽, TCE 교사 대학, 새소식반, 교사강습회 등을 운영하고 있습니다. 이 모두가 교사의 기본기를 갖추게 하며 하나님과의 관계가 어떠해야 하는지 그리고 영혼들에게 무엇을 어떻게 제시해야 되는지를 정확하게 배우도록 돕는 훈련 과정들입니다. 그간 이 내용들을 통해서 교사가 잘 준비되고 왕성하게 성장하는 것을 많이 보았습니다. 이러한 교사의 성숙은 아이들에게 큰 영향을 미칩니다.

교사는 모든 우선순위를 아이들을 가르치는 데 두어야 합니다. 많은 사람들이 시간이 없어서 교사를 하지 못한다고 말합니다. 교사를 하더라도 시간이 없어서 잘 준비할 수 없노라고 말하는 사람도 있습니다. 그러나 생각해 보십시오. 누구에게나 하루 24시간이 주어집니다. 죽을 때에도 시간이 없겠습니까? 모든 시간문제는 우선순위의 문제입니다. 나중에 주님을 만날 때, 우리가 얼마나 많은 시간을 중요하지 않은 곳에 허비했는지가 다 밝혀질 것입니다. 그때가 되어 되돌아보면 우리가 보낸 이 시간이 얼마나 아깝겠습니까?

사랑하는 여러분, 시간은 금방 흘러갑니다. 짧은 인생, 벌써 몇 년이 금방 지나가지 않았습니까? 10대에는 시속 10킬로미터로, 20대에는 20킬로미터로, 30대에는 30킬로미터로 인생이 간다고들 합니다. 40대부터는 두 배가 되어 시속 80킬로미터로 지나가고, 50대에는 100킬로미터, 60대엔 120킬로미터로 시간이 흐른답니다.

이처럼 짧은 생애에서 우리가 그 무엇보다 먼저 주의 나라와 주의 의를 구하며 살아갈 때 하나님께서는 기뻐하실 것입니다. 모든 것은 우선순위의 문제입니다. 정말 우리가 무엇 때문에 인생을 사는가, 내 인생의 목적이 무엇인가를 깊이 생각해 보시기 바랍니다. 하나님의 영광과 나라를 위해서 먼저 우리의 삶을 드릴 수만 있다면 우리를 통해서 놀라운 일들이 이루어질 것입니다.

교사라면 주일날 아이들을 가르치는 것과 영혼 사랑하는 일에 우선순위를 두어야 합니다. 기도하며 주님 앞에 나아가야 합니다. 그러면 주님께서 우리에게 시간 관리를 잘할 수 있는 지혜를 주실 것이고, 영혼들을 잘 감당할 수 있는 힘을 주실 것입니다.

부디 시간을 내십시오. 복음을 준비할 수 있는 시간, 찬양과 율동을 잘 준비할 수 있는 시간, 공과를 준비할 수 있는 시간, 또 활동적인 것들을 준비할 수 있는 시간을 내십시오. 지도자는 태어나는 것이 아니라 훈련을 통해서 만들어지는 것입니다.

또한 평상시에 늘 준비하십시오. 기도로 준비해야 합니다. 평상시에 많은 자료들을 스크랩하고 잘 정리해서 내 것으로 소화시키면 이를 잘 활용할 수 있을 것입니다.

교회의 아이들뿐 아니라 우리를 만난 수많은 아이들은 모두 교사에게서 영향 받고 있습니다. 교사를 통해서 아이들의 생애는 달라질 수 있습니다. 준비된 교사는 하나님의 영광을 위해서 살게 될 아이들을 키울 것입니다. 그렇게만 된다면 이 땅의 미래를 위해서 크게 쓰임 받는 기쁨을 누리지 않겠습니까.

05
교사로서의 자부심을 가지라

　오랫동안 사역 해 온 경험으로 미루어 보건대, 교회학교 아이들의 숫자와 교사의 숫자는 비례합니다. 교사의 숫자가 줄면 반드시 아이들의 숫자가 줄어듭니다. 이는 질적으로도 마찬가지입니다. 교사의 영적 수준과 아이들의 영적 수준이 비례하는 것입니다. 그러므로 할 수만 있다면 교사의 숫자를 늘려야 합니다.
　한국 교회의 평균은 교사 1명당 아이들이 5명 정도입니다. 그렇다면 교사가 5명인 교회의 아이들 숫자는 교사의 다섯 배인 25명 정도겠지요. 물론 한 사람이 50명, 60명, 100명을 맡을 수도 있겠지만 그런 경우는 극히 드뭅니다. 평균적으로 한 명의 교사가 5명을 감당하는 경우가 가장 많습니다.

그러므로 교사가 10명뿐인 교회에서는 아이들이 50명을 넘기가 참 어렵습니다. 하지만 교사가 20명이 되고 30명이 되면 아이들의 숫자도 100명, 150명으로 늘어나는 놀라운 일이 벌어집니다. 대체로 교사를 잘 세우면 교회학교 아이들의 숫자도 자동적으로 증가하곤 합니다. 반대로 교사가 줄어들면 다음 세대에 희망 역시 줄어듭니다. 때문에 우리 세대보다 다음 세대에 더 큰 부흥의 역사가 일어나기 위해서는 교회학교 교사가 계속해서 세워져야 합니다. 요컨대 교사를 세우는 문제는 다음 세대의 교육에 아주 중요한 열쇠인 것입니다.

그런데 문제는 큰 교회나 작은 교회나 모든 교회에서 일꾼들이 부족하다는 점입니다. 해마다 교회학교 교사로 지원하는 사람들이 점점 줄어들고 있습니다. 이런저런 핑계를 대며 바쁘다는 이유로 교사의 직분을 감당하기 어려워합니다. 그러나 교사가 줄면 다음 세대인 우리 아이들의 미래가 어둡습니다.

교회 마당을 밟는 성도는 많은데 교사는 없습니다. 그렇다면 교회는 사역 대상을 '모든 성도'로 확장할 필요가 있습니다. 교육의 필요성을 알리고 교사를 많이 모집하는 것도 사역의 하나인 것입니다. 그럼 보다 구체적으로, 교사를 많이 세우기 위해서는 어떻게 해야 할까요?

먼저 교사된 사람들의 태도가 중요합니다. 우리 교사들이 먼저 교사가 영광스런 직분이라는 사실을 깨닫고 즐겁게 이 직분을 감당하는 것이 중요합니다. 교사의 직분을 감당하는 우리가 사명감에 불타 즐거워하면 교회의 분위기가 바뀝니다. 교사를 하면서도 힘들다, 어렵다, 짜증난다는 식의 부정적인 인식을 가지고 불평을 늘어놓으면 누가 교사의 대열에 합류하려 하겠습니까? 이런 행동은 교사의 축복을 받을 수 있는 다른 많은 성도들의 앞을 가로막는 일입니다. 교사 모두가 긍정적이고 희망적으로 그 직분을 감당할 때, 더 많은 헌신자가 일어나지 않겠습니까?

요컨대 교사는 자기가 좋아서 하는 일, 기쁨으로 하는 일, 즐겁게 하는 일이 되어야 합니다. 그래야 다른 사람들에게도 교사를 권할 수 있을 것입니다. 또 그런 사람이 권면할 때 말에 힘이 있습니다. 즉 자신이 교사의 직분을 영광스럽게 생각하지 않으면 다른 사람에게 절대로 말하지 못한다는 것입니다. 교사의 영광스런 직분을 깨닫고 믿는 사람만이 많은 이들에게 이 메시지를 전달하지 않겠습니까? 교사가 먼저 이 교사의 직분을 귀히 여기고, 이것이 얼마나 가치 있고 즐거운 일인지를 함께 나누며 증거한다면 교사의 수가 많이 확보될 것입니다.

따라서 주께서 기뻐하시는 일이라는 확신을 가지고서 복된 교사직을 알리고 나타내십시오. 그럴 때에 많은 사람이 다음 세대를 위한 사명의 참 가치를 제대로 느낄 수가 있을 것입니다.

또 일꾼을 보내 달라고 기도하십시오. 예수님께서는 마태복음 9장을 통해 추수할 일꾼을 보내 달라 청하라고 말씀하고 있습니다. 진실로 추수할 것이 너무 많습니다. 그러나 일꾼은 적습니다. 그러니 일꾼이 구해지도록 기도하십시오. 또한 헌신된 사람들을 찾아보십시오. 우리가 먼저 교사들을 찾아가는 것입니다. 만약 1년 동안 교사의 직분을 감당하면서 교사를 한 명도 못 세우고, 그 누구도 마음속에 품지 못했다면 어쩌면 우리가 교사의 직분을 잘못 감당하고 있었는지도 모릅니다.

주위를 한번 살펴보십시오. 교회를 한번 살펴보십시오. 그리고 마음속에 교사감인 사람을 품으십시오. 장로님이든 권사님이든 집사님이든 또 우리 청년들이든 함께 교사를 할 만한 사람을 품으십시오. 그리고 그들을 위해서 기도하십시오.

"누가 함께 이 교회를 살릴 것인가? 누가 정말 다음 세대를 살릴 것인가?" 하고 자문하면서 교회 내에 은사가 다양한 사람들과 유대 관계를 맺으십시오. 물질이 있는 분들은 물질을 통해서 이 사역을 도울 수 있을 것이고, 기도의 은사가 있는 분들은 기도로 이 사역을 도울 수 있습니다. 사역의 각 부분들을 그들에게 맡겨 보십시오. 그러면 그들이 함께 일에 동참하면서 더 큰 역사를 이룰 것입니다.

구체적으로 한 사람을 품을 수도 있을 것입니다. 그런 경우라면 마음으로 생각하고, 계속해서 그를 지목하여 기도하십시오. 그리고 좋은 교육 세미나가 있으면 함께 손 붙잡고 데리고 가십시오. 그리고 듣게 하십시오. 이렇게 몇 달 지나고 나면 그분들이 교사로 세워질 준비를 마칠 것입니다.

그러다 연말이 되면 부장님이나 지도자 혹은 담임목사님께 교사감이라고 말씀드리십시오. 이 사람이 교사가 되면 정말 좋을 거라고, 내가 그를 위해서 기도했다고 말하십시오. 이런 식으로 교사를 세우면 교사의 수가 많아질 것이며, 그 교사를 통해서 우리 아이들도 많이 세워질 것입니다.

교회학교에서는 반을 맡을 담임교사뿐만 아니라 전문적인 부분을 도와줄 교사도 많이 필요합니다. 아이들이 찬양을 좋아하고 활동적인 것을 좋아하기 때문에 청년들이나 학생들도 많이 있어야 합니다. 찬양을 인도할 사람, 악기 팀으로 교회학교를 도울 수 있는 사람은 물론 봉사로, 안내로, 또 주보 만드는 것으로, 환경 장식하는 것으로 도울 사람들도 필요합니다. 은사를 가지고 이 사역에 직·간접적으로 동참하는 사람들을 많이 세울 때 다음 세대 사역이 더욱더 활성화되지 않겠습니까? 그러니 악기를 다루는 사람들에게는 반주를 맡기고 노래를 잘하는 분들에게는 찬양을 맡기면서 협력하여 선을 이룰 수 있도록 하십시오. 일을 분담하십시오. 나 혼자 일하는 것이 아니라 함께 일할 수 있도록 나눠 주십시오.

우리 교회 교육을 위해서, 다음 세대의 미래를 위해서 교사를 세우는 일에 헌신하십시오. 교사가 먼저 교사직의 중요성을 강조하며 대화하고 교제하고 외칠 때에 많은 성도들이 함께 도약하는 은혜가 있을 것입니다. 우리 모두가 교사를 모집하는 일꾼이 되면 하나님께서 우리를 통해 놀라운 일들을 이루어 가실 것입니다.

THE NEXT GENERATION

/ 05 /

다음 세대와 소그룹

01
너무 소중한
소그룹 예배

날마다 마음을 같이하여 성전에 모이기를 힘쓰고 집에서 떡을 떼며 기쁨과 순전한 마음으로 음식을 먹고 하나님을 찬미하며 또 온 백성에게 칭송을 받으니 주께서 구원 받는 사람을 날마다 더하게 하시니라(행 2:46-47).

초대교회 사람들은 날마다 "마음을 같이"했습니다. 그리고 "성전에 모이기"를 힘썼습니다. 여러분의 교회가 바로 이런 교회이기를 축복합니다. 하나님께 예배하는 그 아름다운 시간에 교회에 모이기를 힘쓰는 성도들이 되기를 축복합니다. 우리가 본받아야 할 성경에 나온 교회는 바로 성전에 모이기를 힘쓰는 교회였습니다. 이것은 대그룹 예배라고 할 수 있습니다. 우리는 주일날 대그룹과 함께하는 이 예배를 감격의 예배로 드려야 합니다.

뿐만 아니라 사도행전의 교회는 집에서 떡을 떼었습니다. 성경에서는 성전에 모이기를 힘쓰는 교회뿐만 아니라 집에서 떡을 떼는 교회가 건강한 교회라고 분명히 말하고 있습니다.

이때 집에서 떡을 뗀다는 것은 소그룹 예배를 드린다는 말입니다. 우리 교회들이 집에서 떡을 뗄 때, 그 예배 속에서 전능하신 주님과 하나님을 체험하는 일이 일어납니다. 요컨대 대그룹의 주일예배뿐만 아니라 집에서 떡을 떼며 소그룹이 왕성하게 예배드리는 교회가 바로 튼튼한 교회인 것입니다.

대그룹을 통해서는 전능하신 하나님, 창조주 하나님, 위대하신 하나님에 대해서 배우고 소그룹을 통해서는 따뜻한 하나님, 나를 만져 주시는 하나님, 사랑의 하나님, 목자 되신 하나님, 가까이 계시는 친밀하신 하나님, 아바 아버지의 하나님을 경험해야 합니다. 이때 대부분의 진정한 교제는 소그룹에서 이루어집니다. 소그룹은 각자의 마음을 함께 나누고 서로를 축복하고 기도할 수 있는 아름다운 모임입니다.

이것은 다음 세대 사역에서도 마찬가지입니다. 주일날 한 번 모이고 그 후에 아무 모임도 가지지 않는 것은 살얼음판을 걷는 일처럼 위험한 징조입니다. 소그룹이 왕성한 교회, 주중에 떡을 떼러 모이는 교회가 건강한 교회인 것입니다.

우리 아이들이 하나님을 경험하고 만날 수 있는 기회는 우리가 복음을 증거할 때뿐만이 아닙니다. 우리가 최선을 다해서 아이들을 주님의 사랑으로 품을 때에도 하나님을 발견할 수 있는 놀라운 축복이 있습니다. 그러기에 소그룹은 참으로 중요합니다.

만약 소그룹 활동이 전혀 없고 주일예배만 남는다면 교회학교의 친밀감은 사라지고 건조해질 것입니다. 전체적인 메시지와 찬양을 통해서 은혜를 받긴 하겠지만 개인적으로 하나님께 대한 믿음을 고백할 수 있는 것은 소그룹을 통해서이기 때문입니다. 따라서 교회학교에서도 소그룹이 왕성하게 일어나야 합니다.

게다가 실질적인 양육은 소그룹에서 이루어집니다. 보고 배우고 또 함께 나누고 축복하는 관계 속에서 우리 아이들이 신앙인으로서 자라나는 모습을 보게 되는 것입니다. 소그룹을 통해서는 각 개인의 문제를 발견할 수 있고 그 문제를 해결할 수도 있습니다. 아이의 은사를 발견하는 것도 소그룹을 통해 가능합니다. 이때 교사는 아이들의 문제를 보고 치료해 주는 사람이 되어야 합니다.

혼자 있으면 절대 사람은 변화되지 않습니다. 서로가 도와주고 교제하면서 섬길 때에만 그 사람이 변합니다. 그러므로 하나님과 일대일의 관계 속에서 기도할 때 이외에는 함께 있는 편이 좋습니다. 아니, 기도할 때에도 함께 기도하는 것을 권합니다. 혼자 있기를 좋아하고 관계 속에서 떠나기를 원하는 것은 주님께서 기뻐하시는 마음이 아닙니다. 우리는 서로 협력해야 합니다. 함께 예배하고 함께 큐티를 나누며 서로를 책임져 줄 때에 그 공동체를 통해서 놀라운 역사가 일어날 것입니다.

제가 섬기고 있는 어린이전도협회에서는 매주마다 새소식반을 열고 있습니다. 새소식반은 어린이 속회예배나 어린이 구역예배 형식의 어린이 셀 모임이라고 말할 수 있습니다. 동네에 있는 수많은 아이들을 집으로 모이게 하여 복음을 제시하고 함께 하나님 말씀을 가르치는 것입니다. 이 모임의 목적은 교회에 나오지 않는 아이들이 전도 받고 양육 받아서 교회로 연결되도록 하는 데 있습니다.

이 모임을 통해서 매주마다 많은 아이들이 복음을 듣고 있습니다. 그리고 많은 아이들이 매주마다 말씀으로 양육되고 있습니다. 그 아이들 중 많은 수가 매주 교회로 연결되고 있습니다. 이처럼 새소식반은 성경에서 찾아낸, 우리 교회학교가 부흥될 수 있는 아주 좋은 방법입니다. 집에서 떡을 떼라는 말씀을 실천하는 것입니다.

이처럼 주일예배뿐 아니라 아이들이 분반을 통해서나 새소식반 등의 소그룹을 통해서 함께 말씀을 배울 수만 있다면, 집에서 떡을 떼는 이 정신을 갖고 함께 나눌 수 있다면, 우리의 교회는 무너지지 않고 튼

튼히 세워질 것입니다. 이 같은 소그룹이 왕성하게 일어나면 다음 세대에는 반드시 부흥이 이루어집니다.

사도행전에 나오는 교회의 원형에서처럼, 성전에 모이기를 힘쓸 뿐만 아니라 집에서 떡을 떼는 균형 잡힌 교회가 되기를 축복합니다. 그리하여 건강한 부흥이 일어나는 교회가 되기를 축복합니다.

02
---- 소그룹 활동이 ----
키워드다

에베소서에서는 하나님께서 교회를 세우기 위해 어떤 사람은 사도로, 다른 이는 선지자로, 또 복음 전하는 자나 목사와 교사로 주셨다고 말씀하십니다. 이들이 해야 할 일이 무엇일까요? 그것은 바로 성도를 온전하게 하는 것입니다. 그래서 그 성도들로 하여금 봉사의 일을 하게 만들고 더 나아가서 그리스도의 몸을 세우게 하는 것입니다. 요컨대 하나님께서 우리를 목사나 교사로 세우신 목적은 성도를 온전하게 하기 위해서라는 것입니다.

그가 어떤 사람은 사도로, 어떤 사람은 선지자로, 어떤 사람은 복음 전하는 자로, 어떤 사람은 목사와 교사로 삼으셨으니 이는 성도를 온

전하게 하여 봉사의 일을 하게 하며 그리스도의 몸을 세우려 하심이라(엡 4:11-12).

성경은 아이들을 빼고 어른들만 성도라고 말하지 않습니다. 어린아이들도 성도 안에 포함되어 있습니다. 그러므로 하나님이 교사를 세우신 데는 아이들을 온전하게 하시기 위한 목적도 포함되어 있습니다.

온전하신 주님을 만나지 않고는 부족한 우리가 절대로 온전해질 수 없습니다. 우리는 아이들이 예수님을 만남으로써 온전해지도록 도와야 합니다. 더 나아가 아이들로 하여금 봉사의 일을 하게끔 하고 결국 그리스도의 몸을 아름답게 세우는 데 이르도록 교육해야 합니다. 이때 아이들을 온전하게 세우는 데 가장 좋은 방법은 바로 소그룹입니다.

전도서 4장 9-12절은 이렇게 말씀합니다.

두 사람이 한 사람보다 나음은 그들이 수고함으로 좋은 상을 얻을 것임이라 혹시 그들이 넘어지면 하나가 그 동무를 붙들어 일으키려니와 홀로 있어 넘어지고 붙들어 일으킬 자가 없는 자에게는 화가 있으리라 또 두 사람이 함께 누우면 따뜻하거니와 한 사람이면 어찌 따뜻하랴 한 사람이면 패하겠거니와 두 사람이면 맞설 수 있나니 세 겹줄은 쉽게 끊어지지 아니하느니라.

대그룹 예배는 사람이 많이 모여 드리는 것이지만, 어떤 의미에서는 각자가 개개인으로 하나님 앞에 서는 시간입니다. 전도서에서 말하는 '한 사람'이 대그룹을 의미할 수도 있다는 말입니다. 하나님은 홀로 서 있는 것보다 두세 사람이 함께하는 것을 더 원하십니다. 소그룹으로 모일 때에 하나님을 경험하기 쉽고 서로 간에 섬길 수 있는 축복도 생기기 때문입니다. "두세 사람이 내 이름으로 모인 그곳에 나도 함께 있겠다"고 하신 주님의 말씀을 우리 모두 기억해야 합니다.

많은 사람이 주일날 교회에 오긴 하지만, 회복되지 못하고 치유 받지 못한 채 그냥 신앙생활을 하는 경우가 많습니다. 주일날 교회 와서 의자에 앉아 예배드리는 시늉만 하다 그냥 돌아가는 경우도 있습니다. 가면을 쓰고 앉아 있는 경우도 있습니다. 이처럼 많은 수가 함께 모이면 서로를 속일 수도 있고 내면을 숨길 수도 있습니다.

그러나 소그룹으로 모일 때는 다릅니다. 소그룹으로 모일 때는 자신의 모습을 숨길 수가 없기 때문에 진정한 회개의 역사가 일어나며 깊이 있게 주님을 만날 가능성이 더 커집니다.

하나님의 본질 역시 소그룹이십니다. 바로 삼위일체 하나님이 그러합니다. 창세기 1장 26절과 27절에는 흥미로운 구절이 나옵니다. "하나님이 이르시되 우리의 형상을 따라 우리의 모양대로 우리가 사람을 만들고.", "하나님이 자기 형상 곧 하나님의 형상대로 사람을 창조하시되 남자와 여자를 창조하시고." 창세기 1장에서부터 하나님은 예수님과 성령님과 삼위일체 되신 분이십니다. 그런 하나님이 자신의 모양대로 사람을 만드신 것입니다. 하나님의 형상대로 지음 받은 우리는 하나님처럼 살아야 합니다. 어떻게요? 공동체로 함께 교제하고 나아가는 것입니다. 그럴 때 공동체로 역사하시는 주님을 만날 수가 있습니다. 이때 하나님께서는 우리의 모임 가운데 함께하시고 은혜를 베풀어 주실 것입니다.

소그룹에서는 말씀을 함께 나누고 도와주며 축복해야 합니다. 그럴 때 그의 연약함이 세워지고 부족함이 채워지는 은혜가 있습니다. 자신의 문제를 내놓고 함께 기도하고 축복할 때에 그 문제가 해결될 뿐만 아니라 그의 영혼이 치유되는 놀라운 축복이 있습니다.

단, 이런 일이 일어나려면 먼저 정직하게 나누어야 하고, 비밀을 지켜 주어야 합니다. 그래야 사탄이 틈타지 않습니다. 그래야 하나님께서 우리의 마음을 만지시고 치유하시는 역사가 있습니다. 부디 여러분의 교회에도 소그룹이 왕성하게 일어나기를 원합니다. 소그룹이 건강하게 살아나면 자연히 대그룹이 왕성하게 부흥될 것입니다.

03
소그룹의
5가지 핵심가치

이 장에서는 소그룹 모임의 가치를 다섯 가지 면에서 살펴보겠습니다. 그 첫 번째는 '공동체'요, 두 번째는 '새신자 양육'이요, 세 번째는 '상호 책임성'이요, 네 번째는 '지도력'이요, 다섯 번째는 '복음 전파' 입니다.

이 다섯 가지는 전 세계의 셀 교회에서 추구하는 가치입니다. 또한 이 원리는 어린이들의 모임에서도 찾을 수 있습니다. 우리의 소그룹이, 우리의 분반이 이 다섯 가지 가치가 충분히 발휘되는 건강한 소그룹이 되기를 바랍니다. 그러면 이 다섯 가지 가치를 손가락의 특성과 비교해서 자세히 살펴보겠습니다.

공동체 (엄지)

첫 번째 소그룹의 가치는 '공동체'입니다. 엄지손가락과 연결된 다른 네 손가락이 하나가 되듯이 공동체의 구성원들도 서로 연결되어 있습니다. 마치 성경에서 언급했던 포도나무의 비유와 같은 것입니다. 소그룹은 단지 적은 수의 모임을 가리키는 것이 아니라, 공동체로 하나가 되는 모임입니다. 서로가 영적인 가족임을 인정하고 신뢰하는 모임입니다. 이처럼 깊은 친밀감을 갖는 것이 바로 공동체가 되는 일입니다. 이런 아름다운 소그룹의 공동체야말로 주께서 원하시고 기뻐하시는 모습입니다.

사람과 사람 사이의 이 아름다운 관계가 바로 공동체를 통해 이루어집니다. 사람은 공동체를 떠나서 살 수 없으며, 이 공동체 안에서 서로가 서로를 위해서 함께 축복할 수 있습니다. 이러한 가족 경험은 소그룹에서만 맛볼 수 있는 축복입니다. 그래서 이것이 곧 소그룹의 첫 번째 가치가 됩니다.

함께 모이는 공동체에서는 약한 사람들을 세워 줍니다. 서로 도와줍니다. 상대방의 아픔을 내 아픔으로 여깁니다. 내 옆에 있는 이 영혼이 천하보다도 귀한 영혼이라고 생각합니다. 서로 사랑하며 그 사랑을 표현합니다.

또 소그룹에서는 서로의 기도 제목을 알 수도 있습니다. 함께 기도하며 축복해 줄 수 있습니다. 이것이 바로 영적 가족의 경험입니다. 우리의 모임이 이렇게 영적 가족의 공동체 의식이 있는 모임이라면 이 모임을 통해서 엄청난 역사가 일어날 것입니다.

교회학교를 한번 생각해 보겠습니다. 교회학교 교육은 설교만으로 이루어지지 않습니다. 오히려 설교 이외에 더 많은 사역들이 있습니다. 사람과 사람을 이어 주는 이 관계들, 사랑으로 함께 마음을 나누는 행위들은 특히 어린이 사역에 있어서 꼭 필요한 것들입니다.

아직 아이들은 신앙으로 살아가기가 쉽지 않습니다. 아이들에게 중요한 것은 선생님과의 아름다운 관계, 끈끈한 정, 친밀감, 그들을 축복하는 마음 등입니다. 이런 관계를 맺을 때 아이들이 마음 문을 열고 함께 참여하는 것입니다. 그럴 때 그들의 믿음이 성장하여 하나님 나라의 일꾼으로 세워지는 역사가 나타나는 것입니다. 교사가 아이들을 가족처럼 마음에 품고 매일 그들을 위해서 축복하며 기도하고 도와준다면 바로 그곳에서 성령의 역사가 일어날 것입니다.

양육 (소지/ 새끼손)

소그룹의 두 번째 가치는 '새신자 양육' 입니다. 새신자는 연약한 사람입니다. 개별적인 양육이 필요한 새신자를 새끼손가락에 비유해 설명하려 합니다. 영적인 어린아이인 새신자를 소그룹에서 양육하고 훈련하면 그 교육의 효과가 상당히 높아집니다. 직접 눈과 눈을 대하여 보고, 일대일로 가르치며, 서로 잡아주고 돌보아 주고 함께 나눌 때에 그가 더욱 성장할 것입니다.

부모가 자녀를 사랑하고, 돌보고, 키우는 전 과정을 생각해 보십시오. 가정이라는 특별한 울타리가 바로 소그룹이 아닙니까? 이때 가정이라는 소그룹의 리더인 부모가 아이들을 바르게 가르쳐야 그 아이가 건강하게 세워질 수 있습니다. 교회에서도 마찬가지입니다. 우리 교사들이 아이들을 잘 보살피고 인도할 때 아이들이 잘 훈련됩니다. 사람은 적절한 보살핌이 있을 때 보고 배우며 더욱 성장합니다. 때문에 연약한 새신자가 성장할 때까지 서로가 계속 돌봐 주어야 합니다. 찬양과 기도, 암송과 말씀을 통해 예수님의 제자로 훈련시켜야 합니다.

아이들로 하여금 교회의 비전을 알게끔 하고 그 비전이 이루어지기까지 교회와 담임목사님을 위해서 기도하도록 지도해야 합니다. 진리에 대한 지식을 전달하며 그 말씀이 삶 속에서 적용된 예를 함께 나누십시오. 이와 같이 말씀의 실천을 나눌 때 한 친구의 승리가 다른 친구에게로 전파될 것입니다.

상호 책임 (약지)

소그룹의 세 번째 가치는 '상호 책임성' 입니다. 약지에 결혼반지를 끼는 행위가 부부간에 서로 책임을 지는 것을 의미하듯이, 소그룹도 공동체 안에서 서로의 필요를 채워 주고 상호 책임을 지는 긴밀한 관계를 맺어야 합니다. 그래서 '나도 사랑 받는 존재구나, 내가 남을 도와줄 수 있구나, 앞으로 또 어떻게 도와줄까?' 라고 생각하게 될 때 그 공동체는 왕성하게 부흥하게 됩니다.

교사는 책임 의식을 갖고 반 아이들을 지도해야 합니다. 그 아이들이 바로 그리스도의 몸이기 때문입니다. '저들을 어떻게 도울까?' 하는 생각만 해도 하나님께서는 감당할 만한 은사와 능력을 주십니다. 그런 힘으로 아이들을 섬긴다면, 아이들은 소그룹이 기다려지고 거기에 참여하고 싶은 마음을 가지게 될 것입니다. 그럴 때 하나님은 그 모임을 아름답게 세워 주실 것입니다.

지도력 (중지)

소그룹의 네 번째 가치는 '지도력' 입니다. 가장 긴 손가락인 중지처럼 소그룹 내에서 가장 성숙한 사람이 리더입니다. 이때 리더는 아버지의 마음을 가집니다. 그리고 아버지의 마음으로 하나 된 소그룹을 통해서 영적 아이가 청년이 되고 영적 청년이 영적 아비가 되는 역사가 나타나는 것입니다. 요컨대 최고의 리더십은 아버지의 마음을 가진 종의 리더십, 섬김의 리더십입니다.

소그룹을 통해 아이들은 복음을 분명하게 듣고 구원의 확신을 가질 수 있습니다. 뿐만 아니라 찬양과 말씀, 기도와 교제를 통해 양육 받은 아이들이 주님의 제자로 세워지게 됩니다. 주일예배에 참석함은 물론 다른 친구들을 섬기게 되어 아이들의 지도력이 계발됩니다.

전도 (검지)

소그룹의 다섯 번째 가치는 '복음 전파'입니다. 그리스도의 사랑을 나누는 것이 바로 전도입니다. 이것은 소그룹의 목적이자 사명입니다. 검지란 일반적으로 가리키는 손가락입니다. 마찬가지로 복음 전파는 소그룹이 나아가야 할 목표를 제시합니다.

소그룹은 번식하고 전도할 때 더욱 빛납니다. 생명체는 반드시 성장하고 번식합니다. 그러므로 생명이 있는 소그룹 역시 복음을 통해 성장하고 번식해야 합니다. 소그룹으로 모일 때마다 오늘 나오지 않은 영혼들을 위해서 기도하십시오. 그리고 내가 이 모임에 데려오고 싶은 전도 대상자가 누구인지를 함께 나눠야 합니다. 그들과 어떻게 관계를 맺을 것인지, 그들을 어떻게 초청할 것인지를 함께 생각하십시오. 그리고 때가 되었을 때 그분들을 초청하는 것입니다.

이렇게 되면 그 모임은 하나님을 만난 모임, 주님의 임재를 경험하는 모임으로 발전할 것이며 다시 오고 싶은 모임이 될 것입니다. 뿐만 아니라 새로 모임에 참여한 사람이 또 다른 누군가를 데려오고 싶은 마음이 들게 될 것입니다.

이처럼 굳건한 공동체 의식을 갖고 양육 받으며 지도자로 세워질 뿐 아니라 상호 의존하고 서로 책임지는 아름다운 모임이라면 반드시 번식과 성장과 부흥의 역사가 일어나지 않겠습니까?

초대교회를 생각해 보십시오. 핍박 받고 옥에 갇히고 순교까지 당해도 계속해서 소그룹이 번식하고 확산되었습니다. 진정으로 살아 있는 조직은 바로 이러합니다.

중국 교회도 마찬가지입니다. 그곳에 가정 교회, 지하 교회가 얼마나 많이 있습니까? 현재 중국에 숨어 있는 성도가 1억 명 이상이라고 말합니다. 반세기 동안 많은 사람들이 교회를 핍박하고 교회가 없어지기를 바랐지만 성령의 역사가 살아 있는 모임이기에 끊임없이 성장한 것입니다. 중국에서처럼 우리의 소그룹이 정말 왕성하게 모일 수 있다면 바로 그 모임을 통해서 엄청난 부흥의 역사가 있을 것입니다.

한편 교회의 소규모 모임에 참여해서 함께 밥을 먹고 함께 찬양하고 함께 얘기하고 믿지 않는 사람들을 위해서 기도하는 모습을 보고 학교에서도 소규모 모임을 시작하는 아이들도 있습니다. 이처럼 하나님께서 함께하시고 역사하시는 모임은 자연스럽게 확산될 수밖에 없는 것입니다.

요즘 저희들은 특히 학교를 위해서 기도하고 있습니다. 학교 안에서도 믿는 아이들이 함께 모여 기도 모임을 갖고, 또 그런 모임이 확산되어 우리 삶의 현장 가운데 하나님이 함께하시는 놀라운 역사가 나타나기를 소망하며 기도하고 있습니다.

작은 모임에 또 다른 사람들을 데려오고, 그들도 동일하게 자신이 누렸던 그 놀라운 주님을 만나는 축복을 누리게 하는 일은 얼마나 아름다운지요.

부디 이 다섯 가지 소그룹의 가치가 빛을 발하여 우리의 소그룹이 더욱 아름답게 성장함으로 말미암아 다음 세대에 건강하고 부흥하는 아름다운 교회가 세워지기를 간절히 축복합니다.

04
사랑으로 사랑을 가르치다

　예수님께서 이 땅에 오신 목적은 십자가를 지고 우리를 구원하시기 위해서입니다. 그러나 예수님은 그것만을 하신 게 아닙니다. 예수님께서 이 땅에 오신 목적이 또 한 가지 있습니다. 그것은 바로 제자들을 세우는 것입니다. 제자들을 세우고 그들로 하여금 또 다른 제자, 또 다른 사람들을 세우게 하셨습니다. 마가복음 3장 14절은 이렇게 말씀하고 있습니다.

　이에 열둘을 세우셨으니 이는 자기와 함께 있게 하시고 또 보내사 전도도 하며.

주께서 제자들을 부르신 이유는 예수님과 함께 있게 하시고 보내어 전도하게 하시기 위해서였다는 말씀입니다.

만약 주님이 제자들을 세우지 않으셨다면 기독교는 1세기에 끝났을 것입니다. 하지만 제자를 훈련시키고 세워 놓으셨기 때문에 성령께서 다시 오시면서 전 세계에 복음이 전파되었습니다. 이로 인해 오늘날 저와 여러분이 주님을 믿을 수 있게 되었습니다. 그러므로 주님을 따르는 우리도 주님을 그저 믿을 뿐만 아니라, 복음을 증거하며 다음 세대에도 복음을 증거할 일꾼들을 양성하고 키워야 합니다.

예수님이 제자들을 양육하고 관리하신 사역의 최종 목표는 바로 구원이었습니다. 예수님께서 이 땅에 오신 이유가 백성들을 구원하시기 위해서입니다. 예수님의 이름 자체가 '구원'이라는 뜻입니다. 이처럼 주님은 구원이시기에 십자가를 지기 바로 직전에도 복음을 증거하셨습니다.

예수님은 제자들을 택하시고 훈련하셔서 저들에게 구원의 복음을 전하게 하셨습니다. 제자들을 통해서 수많은 백성들이 주 앞에 돌아오기를 원하셨습니다. 지금도 하나님은 우리를 통해서 수많은 사람들이 복음을 듣고 온전케 되며 또한 변화되기를 원하십니다. 그러므로 우리 모든 지도자들이 예수님께서 제자에게 명하신 목표를 분명히 알고 그것을 기억하여 많은 백성들을 구원의 길로 인도해야 할 것입니다. 그런데 전도하기에 앞서 주님은 그들과 함께 있기를 원하셨습니다.

다시 마가복음 3장 14절을 잘 살펴보십시오. "이는 자기와 함께 있게 하시고." 주님이 삶을 보여 주시고 가르치시며 섬기기 위해서 제자들을 부르셨다는 말씀입니다. 제자들은 주님이 어떤 분이신지 그리고 그분이 왜 이 땅에 오셨는지를 직접 보고 느끼며 배웠습니다. 그런 후에야 다음 세대의 지도자가 되었던 것입니다.

예수님께서 제자들을 훈련하신 방법은 모델링입니다. 즉, 직접 기도하는 모습을 보여 주는 방법입니다. 제자들은 예수님의 그 모습을 따라가게 되었습니다. 또한 예수님은 제자들과 함께 먹고 함께 자며 사역하셨습니다. 요즘말로 하면 합숙 훈련을 하신 것이지요. 그러는 동안 제자들에게 생활로 삶으로 본을 보여 주셨습니다. 주님은 우리처럼 이렇게 일주일에 한 번씩 만나서 교재를 편 다음 "오늘은 1과, 다음 주는 2과" 하는 식으로 가르치신 게 아닙니다. 이런 단계를 거치지 않고 곧바로 주님은 자신의 삶으로 그리스도인의 길을 직접 보여 주시며 생활 속에서 그들을 가르치셨습니다. 이처럼 생활로써 본을 보이는 교사의 삶이란 너무너무 중요한 것입니다.

예수님이 사랑을 가르치셨던 것을 생각해 보십시오. 그분은 교재 몇 페이지를 펴서 "사랑하라"라고 가르친 것이 아니라, 친히 수건을 두르시고 제자들의 발을 씻기셨습니다. 친히 아름다운 섬김의 모습을 보여 주시고는 "이처럼 너희도 서로 사랑하라"고 말씀하셨습니다. 요컨대 사랑으로 사랑을 가르친 것입니다.

한편 기도는 어떻게 가르치셨습니까? 먼저 기도하심으로 가르치셨습니다. 먼저 묵상하셨습니다. 전도도 마찬가지입니다. 주님이 먼저 전도하셨습니다. 생활 속에서 모델이 되어 주신 것입니다. 그것이 예수님의 훈련 방법이었습니다. 예수님의 모습을 보고 배우게 하신 것입니다. 예수님처럼, 교사인 우리도 아이들과 학생들에게 먼저 본이 되어야 합니다. 모두가 교사의 경건한 생활, 교사의 모범적인 생활을 보고 도전을 받아 함께 배워 나갈 수 있도록 몸으로 가르쳐야 합니다.

예수님은 제자를 구성하실 때도 효율적으로 하셨습니다. 사랑했던 제자들 3명, 그리고 12명, 더 나아가서 70명, 더 나아가서 수많은 사람들…. 예수님은 12명을 택해 3년 이상 교육하고 양육하며 모범을 보이셨는데 때로는 베드로와 야고보와 요한, 이 세 제자를 따로 훈련시키기도 하셨습니다. 겟세마네 동산에서 기도하실 때도 세 제자를 데리고 가셨으며, 변화 산의 그 놀라운 영광의 광채를 보여 주실 때에도 세 제자를 데리고 가셨습니다.

담임목사님은 아이들을 포함해 최대한 많은 성도들을 다 관리하려 하는 경우가 많은데, 그것은 바람직하지 않습니다. 담임목사님이 어떻게 아이들 한 사람 한 사람을 모두 개인 지도하겠습니까? 아이들 하나하나를 만나 돌보는 것은 교사의 몫입니다. 교사만이 아이들과 깊이 있는 교제를 할 수 있으며 일대일 양육을 할 수 있습니다. 그럴 때 반 아이들이 5명, 10명 늘어나며, 탁월한 학습 효과가 나타나고 함께 교육함으로써 삶에 적용할 수 있고 그들의 고민과 어려움들을 듣고 축복해 줄 수 있는 기회가 생기는 것입니다.

그러므로 목사님은 교사들을 세우고, 각 교사들은 자기에게 맡겨진 반 아이들을 믿음으로 잘 양육해야 합니다. 이것이 바로 예수님과 제자들의 관계를 모델로 삼아서 소그룹을 운영해 나가며 아이들을 가르치는 원리입니다.

한편 예수님과 제자들 사이에서는 팀워크가 잘 이루어졌습니다. 독립운동가와 같은 열심당원 시몬과 매국노 같은 세리 마태가 함께 공동체를 이루고 있었던 것을 생각해 보십시오. 절대로 섞일 수 없는 사람들이 주 안에서 팀워크를 이루었습니다. 이와 같이 각 반에서도 서로 팀워크를 이루어야 합니다. 공감대를 형성해야 합니다. 소속감을 가질 수 있도록 이끌어야 합니다. '나는 우리 교회 몇 학년 몇 반이다.' 이런 소속감을 가지고 신앙생활을 하는 것이 바람직합니다.

소그룹의 지도자는 상담과 심방을 통해서 아이들의 고민을 들어줄 수 있습니다. 아이들을 잘 권면하고 도와주면서 저들의 영적 성장을 격려해 줄 수 있습니다. 공동의 책임을 느끼고 함께 관계를 맺으면서 더 큰 비전과 뜻을 향해서 전진하는 아름다운 모습, 이것이 바로 소그룹의 반 목회입니다. 이것이 바로 예수님께서 제자들을 관리하신 모습입니다.

또한 예수님은 사람들이 알아듣기 쉽게 가르치셨습니다. 예수님의 설교는 실물 설교입니다. 하늘나라에서 누가 큰지를 가르치실 때도 그냥 어린이처럼 되라고 말씀하시지 않고, 어린이 하나를 제자들 가운데 세우고 말씀하십니다. 또 "공중에 나는 새를 보라"라고 가리키면서 하나님의 돌보심을 설명합니다. 알아듣기 쉽게 직접 보여 주시면서 설교하는 것입니다. 주위 환경을 돌아보며 농부의 씨 뿌리는 비유를 가르치셨고 양들과 산, 공중의 새, 피어나는 백합꽃 등을 바라보며 제자들을 가르치셨습니다. 또 이야기를 하실 때는 쉬운 비유로 말씀하셨습니다. 때로 어려운 비유라고 생각되시면 제자들이 알아듣기 쉽게 풀어 주시면서 가르치셨습니다.

이처럼 예수님이 실물 설교를 하셨는데, 부족한 우리가 맨입으로 가르쳐서야 되겠습니까? 그러므로 여건이 허락하는 대로 아이들이 잘 알아들을 수 있도록 최선을 다해서 준비하고 지도하는 자세가 필요합니다. 교사가 아이들을 잘 섬기고 희생할 때 저들이 아름답게 살아갈 것이며 성장할 것입니다.

> 너희는 가서 모든 민족을 제자로 삼아 아버지와 아들과 성령의 이름으로 세례를 베풀고 내가 너희에게 분부한 모든 것을 가르쳐 지키게 하라 볼지어다 내가 세상 끝날까지 너희와 항상 함께 있으리라 하시

니라(마 28:19-20).

오직 성령이 너희에게 임하시면 너희가 권능을 받고 예루살렘과 온 유대와 사마리아와 땅 끝까지 이르러 내 증인이 되리라 하시니라(행 1:8).

예수님은 이 땅을 떠나가시면서 우리에게 사명을 주셨습니다. 즉, 우리에게 다른 사람을 제자 삼으라고 말씀하신 것입니다. 제자 삼기 위해서는 복음을 증거해야 합니다. 저들을 양육해야 합니다. 또 예수님은 온 천하에 다니면서 만민에게 복음을 전파하라고 말씀하셨습니다. 누가복음 24장에는 "너희는 이 모든 일에 증인이라", 요한복음 21장에는 "네가 나를 사랑하느냐 내 어린 양을 먹이라", 요한복음 20장에는 "아버지께서 나를 보내신 것같이 나도 너희를 보낸다"는 말씀이 기록되어 있습니다.

예수님을 통해서 제자들이 잘 양육되고 성장되었던 것을 기억하십시오. 더 나아가서 예수님이 이 땅을 떠나가시며 제자들에게 "너희는 모든 민족을 제자로 삼으라"고 말씀하셨던 것을 기억하십시오. 예수님께 잘 훈련 받은 제자들을 통해서 전 세계에 복음이 흘러나가 지금 우리에게까지 복음이 들어온 것을 기억하십시오. 이제는 우리가 예수님처럼 제자들을 위해서 희생하고 저들을 축복하고 잘 세워 줄 차례입니다. 그리하면 우리가 가르쳤던 그 아이들이 미래의 꿈나무가 될 것입니다. 다음 세대의 영적 지도자가 되어서 세상을 밝히는 등대가 되고 정치, 경제, 문화, 예술 각 분야에서 민족과 열방을 살리는 영적인 거목이 될 것입니다. 그렇게만 된다면 얼마나 감동적이겠습니까?

 이 세상에서 가장 소중한 사람은 부모, 지도자, 교사입니다. 이들이 바로 서면 자라나는 다음 세대인 자녀들과 어린이들이 주님 앞에 잘 세워질 수 있습니다. 더 나아가 미래에 소망이 있고 교회가 부흥되는 축복이 있을 것입니다.
 그러나 지도자들이 온전치 못하면 그를 만나는 수많은 아이들이 암흑의 길, 멸망의 길로 가게 됩니다. 소망 없이 인생을 살기에, 그도 망할 뿐만 아니라 그를 만나는 수많은 백성들도 망하게 됩니다. 그래서 지도자들이 먼저 주님 앞에 바로 서야 합니다. 교사들이 주님 앞에 바로 서야 합니다. 그래야 우리가 만나는 수많은 아이들이 희망을 안고 예수님을 만나며, 비전과 도전을 갖고 열정으로 전진하는 삶을 살 수 있습니다. 부디 가장 좋은 지도자이셨던 예수님을 통해 참된 지도자의 모델을 따르시기 바랍니다.

05
---- 새소식반에 오신 걸 ----
환영합니다

> 이스라엘아 들으라 우리 하나님 여호와는 오직 유일한 여호와이시니 너는 마음을 다하고 뜻을 다하고 힘을 다하여 네 하나님 여호와를 사랑하라 오늘 내가 네게 명하는 이 말씀을 너는 마음에 새기고 네 자녀에게 부지런히 가르치며 집에 앉았을 때에든지 길을 갈 때에든지 누워 있을 때에든지 일어날 때에든지 이 말씀을 강론할 것이며 너는 또 그것을 네 손목에 매어 기호를 삼으며 네 미간에 붙여 표로 삼고 또 네 집 문설주와 바깥 문에 기록할지니라(신 6:4-9).

신명기 6장 7절은 자녀들을 부지런히 가르치라고 말합니다. 그러므로 부모들과 교사들은 자라나는 다음 세대인 자녀들과 아이들에게 하나님의 말씀을 부지런히 가르쳐야 합니다. 이것은 주님의 명령이며 부모와 교사의 책임입니다.

성경은 집에 앉았을 때도 하나님의 말씀을 가르치라고 말하고 있습니다. 뿐만 아니라 집 문설주와 바깥 문에 하나님의 말씀을 기록하라고 전하고 있습니다.

이처럼 우리의 집이 하나님의 말씀으로 풍성해질 때 우리 자녀들이 하나님의 말씀 안에서 아름답게 세워질 수 있습니다. 여기서 더 나아가 우리 가정이 우리 자신들을 위해서 뿐 아니라, 지역에 있는 수많은 어린 영혼들에게 열린 장소가 되어 우리의 가정을 드나들며 주님을 만날 수 있는 장소가 된다면 하나님이 얼마나 기뻐하시겠습니까?

이와 관련하여 어린이전도협회에서 실시하는 새소식반 전도는 21세기 교회와 교회학교에 부흥의 역사를 이루는 아주 효과적이고도 탁월한 프로그램입니다. 지금 새소식반 전도를 통해 전국 방방곡곡의 가정에서 복음의 씨를 뿌리고 있으며 수많은 영혼들이 말씀으로 성장하는 놀라운 축복이 있다는 것을 기억하십시오.

우리는 1년에 6개월 이상은 도시 지도를 걸어 놓고 새소식반을 하는 곳곳마다 깃발을 꽂아 둡니다. 그러면서 여기저기서 새소식반이 바다의 등대와도 같은 역할을 감당하길 기도하며 교사들을 훈련시켜 각 지역으로 파송하고 있습니다. 새소식반 전도를 할 때에는 해당 지역에 있는 아이들을 가까이서 만날 수 있고 그들을 주님께로 인도할 수 있습니다.

그럼 새소식반에 대해 조금 더 자세히 소개해 보겠습니다. 새소식반은 평일에 진행합니다. 주일이 아닌 평일 사역이므로 아이들을 만날 기회가 많습니다. 사실 주일날 새로운 아이가 교회에 나오기란 우리나라 실정상 점점 더 어려워지고 있습니다. 왜냐하면 한국의 많은 교회들이 주일 오전 9시에 예배를 드리므로 믿지 않는 아이라면 이 이른 시간에 교회에 나오기가 쉽지 않았기 때문입니다. 더욱이 평일날 복음의 씨를 뿌리지 않았기에 아이가 자발적으로 교회에 오기란 거의 불가능한 상황입니다. 게다가 대다수의 아이들이 평일에 학원 때문에 바쁘게 지냅니다.

그래도 전도하려고 동네에 가 보면 아이들은 얼마든지 있습니다. 문제는 교사들의 마음과 헌신의 정도입니다. 교회가 부흥되기를 바란다면 평일에 아이들이 있는 곳으로 직접 찾아가 그 아이들을 만나야 합니다. 복음을 전하는 교사들이 있을 때에 열매를 거둘 수 있게 되는 것입니다.

평일에 바쁘다는 이유와 힘들다는 핑계로 전도하지 않는다면 주일에 찾아올 아이들의 수도 늘지 않겠지요. 혹시 새로운 아이들이 주일날 온다 할지라도 그는 다른 교회에 다니던 아이이므로 새신자가 아닐 것입니다. 그러므로 평일에 승부를 걸 필요가 있습니다. 새소식반은 바로 평일날 실시하므로 많은 열매를 거둘 수 있게 하는 탁월한 전도 방식입니다.

둘째로, 새소식반은 교회에서 모이지 않고 평일에 가정에서 모입니다. 불신자들은 교회에 대해 거부감을 가질 수 있습니다. 예수님을 믿는 성도들이 법당에 가는 것에 거부감을 느끼듯이 믿지 않는 아이들은 교회에 거부감을 느낄 수도 있습니다. 그러나 새소식반은 그 아이가 살고 있는 동네, 그것도 일반 가정에서 모이기 때문에 주변에 거주하는 아이들이 거부감 없이 자연스럽게 참여하게 됩니다.

요컨대 새소식반은 "우회 전도"라고 볼 수 있습니다. 주일날 교회에 못나오는 이유는 여러 가지입니다. 우선 부모가 반대하면 교회에 나올 수 없습니다. 아이들이 타종교에 속해 있다거나 이단에 속해 있다면 교회에 나올 수 없습니다. 때로 무교라고 주장하는 아이들도 있을 것이고, 교회에 흥미가 없고 프로그램에 재미를 못 느낀다는 아이들도 있을 것입니다. 또 주일날 늦게 일어나기 때문에 교회 나오지 못하는 경우도 있을 것입니다. 학교의 행사 때문에 교회에 나오기가 어려운 아이들도 있습니다.

그러나 우리는 이런 아이들을 포기해서는 안 됩니다. 교회에 못 나오는 이유가 있는 아이들에게 다가가서 복음을 전하고 교회로 인도하는 방법을 택해야 할 것입니다. 이때 교회보다는 가정이 불신 아이들에게 편안한 장소가 될 것입니다. 친구 집이기도 하고 옆집이기도 하기 때문에 부모들도 쉽게 자녀들을 보내 줍니다.

초대교회 때도 이렇게 가정에서 모였습니다. 사도행전 2장 46절에 보면 "날마다 마음을 같이하여 성전에 모이기를 힘쓰며 집에서 떡을 떼며 기쁨과 순전한 마음으로 음식을 먹고"라고 말하고 있습니다. 집에서 떡을 떼는 이 아름다운 초대교회의 전통을 이어받아야 합니다. 우리의 가정은 주님을 만날 수 있는 장소인 것입니다. 이처럼 주일이 아닌 평일에 가정에서 모이는 일은 성경에 그 근거를 두고 있습니다.

셋째로, 새소식반은 대그룹이 아닌 소그룹입니다. 보통 일반 가정의 거실에는 5명에서 20명 정도의 아이들이 모여 앉을 수 있습니다. 때로는 새소식반 교사의 가정에 30명이 넘게 오는 경우도 있습니다. 그럼에도 대그룹이 아닌 소그룹이기 때문에 한 아이 한 아이의 성격과 특성을 알 수 있습니다. 그래서 품행과 변화에 대해서 잘 제시해 줄 수 있습니다. 아이들도 딱딱하고 긴장된 주일예배와 달리 아주 자연스럽고 사랑과 이해가 넘치는 좋은 분위기를 경험하게 될 것입니다.

바로 이런 식으로 예수님도 제자들과 3년 이상 함께 지내셨습니다. 우리가 새소식반을 통해서 아이들을 주의 제자로 키운다면 이 세상을 변화시킬 영적 거목이 될 것입니다.

새소식반을 통해 전도의 열매가 맺힐 때, 이와 같은 소그룹 전도가 보다 번성할 것이며, 결과적으로 교회학교가 부흥될 것입니다. 저는 평일날 가정에서 모이는 새소식반 전도가 교회 어린이 사역의 대안이라고 확신합니다. 이미 새소식반은 전국과 세계의 많은 교회에서 실시되고 있습니다.

넷째로, 새소식반은 복음전도 중심입니다. 새소식반은 평일에 가정에서 소그룹으로 모이므로 각 지역의 여러 아이들이 올 가능성이 아주 높습니다. 하나님께서 우리를 이 지역에 살게 하신 이유는 우리 지역을 책임지라고 하신 것입니다. 따라서 교회는 마땅히 지역을 책임져야 합니다. 교회는 해당 지역의 잃어버린 영혼들을 구원하기 위해 세워진 것입니다.

새소식반을 하다 보면 새로운 아이가 거의 매주 오는 것을 경험하게 됩니다. 참석한 아이들에게는 새소식반 프로그램을 통해서 복음이 분명하게 전달되고, 구원 초청 시간을 통해 영접할 기회를 제공합니다. 이어 마무리 시간에는 개인적으로 구원 상담까지 함으로써 가까운 교회로 아이를 인도하게 되는 것입니다.

이러한 새소식반은 어린이전도협회에서 가장 중요하게 여기는 사역입니다. 세계적으로 어린이전도협회는 75년의 긴 역사를 갖고 있는데, 한국에서는 55년 동안 사역해 오고 있습니다. 그간 어린이전도협회에서는 보여 주기 위한 쇼나 기교를 부리지 않고 원리를 붙잡고 왔으며 복음과 전도로 승부를 걸어왔습니다.

　우리는 복음을 통해 교사들이 다시금 세워지고 아이들이 변화되는 것을 많이 목격했습니다. 자신의 죄를 고백하고 예수님을 영접하는 아이들, 하나님의 자녀라고 확신하는 아이들을 볼 때마다 복음의 능력과 전도를 주님이 얼마나 기뻐하실까 기대하게 됩니다.

　사실 교사들이 아이들에게 복음을 전할 때, 교사 자신의 마음도 뜨거워지고 은혜도 많이 받습니다. 우리 아이들이 복음을 받아들이는 모습을 통해 도리어 감동을 받는 것입니다. 이 놀라운 새소식반의 장점들을 잘 활용하여 평일날 가정에서 소그룹으로 전도와 복음 중심의 프로그램을 제시함으로써 여러분의 다음 세대, 여러분의 가정과 자녀, 여러분의 교회가 아름답게 부흥될 수 있기를 간절히 축복합니다.

**새소식반에 대해서 더 자세히 알기 원하시는 분은
각 지역 어린이전도협회에 연락하시기 바랍니다.
http://www.cefkorea.org**

/ 06 /

다음 세대를 살리는 요소

01
다음 세대를
살리기 위한 기도

 우리는 다음 세대를 살리기 위해서 애쓰고 노력합니다. 이런 노력 가운데 큰 비중을 차지하는 것이 바로 기도입니다. 지금 당신이 아이들을 위해서, 영혼들을 위해서, 다음 세대를 위해서 흘리는 눈물의 양은 얼마나 됩니까?
 우리의 사역은 하나님의 은혜, 성령의 능력, 기도에 대한 응답들로 이루어집니다. 어린이 사역이라 할지라도 하나님이 도와주시지 않으면 아무것도 할 수 없습니다. 아이들이 오는 것, 아이가 마음을 여는 것, 예수님을 자기 마음속에 모시는 것이 모두 하나님의 역사입니다. 교회 사역에는 인간의 지혜와 재능과 기교와 경험과 지식으로는 어찌할 수 없는 부분이 있습니다.

하나님이 은혜를 주시고 역사하셔야 비로소 해결되는 부분을 위해서는 반드시 기도해야 합니다. 아무리 최선을 다해서 말씀을 준비하더라도 기도가 없으면 알맹이가 빠진 것입니다. 말씀 자체가 성령의 능력에 의해서 기록된 것이기에 성령께서 역사하셔야 말씀이 정확하게 아이들에게 은혜로 전달될 수 있습니다. 그러므로 모든 사역을 함에 있어서 가장 중요한 것은 기도의 능력을 믿고 주님 앞에 나가는 것입니다.

"모든 사역은 기도로"라는 모토를 걸고 사역합시다. 모든 사역의 열매는 기도의 열매입니다. 특히 중보 기도와 아이들을 향한 축복 기도는 대단한 위력을 발휘합니다. 하나님이 은혜를 주시면, 또 기도에 응답해 주시면 영혼들이 변화되고 다음 세대에 엄청난 부흥이 있을 것입니다.

이때 교사뿐 아니라 모든 기성세대가 다음 세대를 위해서 기도해야 합니다. 기도하지 않으면 다음 세대에 영적인 부흥이 일어날 수가 없습니다. 매일 다음 세대를 위해서 기도하는 교회, 우리 아이들을 위해서 기도할 수 있는 교회와 교사에게 희망이 있습니다.

교사 모임 시간에도 기도를 많이 해야 합니다. 아무리 회의를 하고 일을 계획한다 할지라도 그것이 기도에 근거하지 않는 내용이라면 하나님의 응답의 역사를 기대하기 어려울 것입니다. 예배를 위해서 함께 기도하고, 각자 기도의 제목을 나누며, 하나님의 기도 응답을 기대하면서 나아간다면 회의 시간이 엄청난 축복의 시간이 될 것입니다.

그래서 교사 모임 시간에 "여러분이 기도해 주셔서 지난주에 우리 반 아이가 이렇게 변했습니다"라는 고백들을 듣게 된다면 얼마나 고무적일까요? 기도 응답을 체험하면 계속해서 기도하게 될 것이고, 더 기도하면 할수록 하나님의 응답을 더 깊이 체험하게 될 것입니다.

예배 역시 기도로 이루어지는 시간입니다. 특별히 주일 어린이 예배를 위해서 함께 기도하는 모임이 있을 때 그 예배가 살아날 것입니다. 그러므로 교사들이 함께 모여 예배를 위해서, 사회를 위해서, 설교자를 위해서, 아이들을 위해서 마음을 다해 기도하십시오. 끊임없는 기도가 울려 퍼질 때 하나님이 그 예배를 살아 있는 예배로 기쁘게 받으실 것입니다.

뿐만 아니라 개인적으로도 아이들을 위해서 기도해야 합니다. 교사가 골방에서 기도할 때에 영혼들이 변화될 수 있고 주님을 닮아 갈 수 있습니다. 골로새서를 보면, 사도 바울이 감옥 속에서 골로새의 성도들을 위해 기도하는 모습이 기록되어 있습니다.

이로써 우리도 듣던 날부터 너희를 위하여 기도하기를 그치지 아니하고 구하노니 너희로 하여금 모든 신령한 지혜와 총명에 하나님의 뜻을 아는 것으로 채우게 하시고(골 1:9).

저는 바울의 이 기도를 우리 아이들을 위한 기도로 바꾸어 올립니다. "제가 아이들을 위해서 기도하기를 그치지 아니하고 구합니다. 우리 영철이가, 우리 주희가, 우리 고은이가 모든 신령한 지혜와 총명으로 하나님의 뜻을 충분히 알게 되기를 간구합니다."

골로새서 1장 10-11절의 말씀, "주께 합당하게 행하여 범사에 기쁘시게 하고 모든 선한 일에 열매를 맺게 하시며 하나님을 아는 것에 자라게 하시고 그의 영광의 힘을 따라 모든 능력으로 능하게 하시며 기쁨으로 모든 견딤과 오래 참음에 이르게 하시고"도 역시 아이들을 위한 기도로 바꿉니다. "우리 주희가, 고은이가, 영철이가 주께 합당히 행하게 하옵소서. 범사에 기쁘게 하옵소서. 또한 모든 선한 일에 열매 맺게 하시며 하나님을 아는 것에 자라게 하옵소서. 하나님, 우리 영철이가 또 우리 주희와 고은이가 그 영광의 힘을 좇아 모든 능력으로 능하게 하시며 기쁨으로 모든 견딤과 오래 참음에 이르게 하옵소서. 우리 아이들이 우리로 하여금 빛 가운데 성도의 기업을 얻기에 합당하게 하신 아버지께 감사하게 하시기를 원합니다."

요컨대 성경에 나와 있는 그대로 아이들의 이름을 넣어 가며 성경적인 중보 기도를 드리는 것입니다. 그러면 드린 사람에게도 감동과 감격이 있을 것이고, 또 사도 바울이 성도를 위해서 드렸던 그 축복의 기도가 아이들에게 그대로 응답될 줄로 믿습니다.

그러므로 거듭 강조하지만 교사는 반 아이들을 위해서 매일 기도해야 합니다. 일주일 동안 한 번도 아이들을 위해서 기도하지 않으면 주일날 만나도 아무런 감동이 없습니다. 그러나 아이들을 위해서 계속해서 이름을 불러 가며 기도하는 교사라면 주일날 아이들 만나기가 기다려질 것입니다. 아이들을 만나면 감동과 감격이 넘칠 것입니다.

제가 섬겼던 교회에서는 예배를 드린 후 분반공부를 하는 마지막 시간에 음악을 틀어 놓는 '블레싱 타임(Blessing Time)'이 있었습니다. 음악을 틀어 놓고 마무리를 하는 시간이었습니다. 이때는 교사들이 아이들을 위해서 계속해서 축복하고 기도합니다.

특히 불신자 가정의 아이들의 경우 한 번도 기도를 받지 못하고 자란 경우가 많습니다. 그래서 교사들이 부모를 대신해서 그들을 축복해 주어야 한다고 생각합니다. 부디 매일 반 아이들을 위해서 기도하고, 주일날 아이들을 안고 기도해 주십시오. 아이가 주일날 교회 문을 떠날 때 선생님의 기도를 받고 나갈 수 있게 하십시오. 아이들의 이름을 불러 가며 매일 기도하는 교사들이 되기를 축복합니다.

뿐만 아니라 기도 수첩을 갖고 다니면서 아이들의 이름을 기록하십시오. 아이들 개개인의 목표와 영적인 모습을 메모해 놓고 아이들을 축복하며 기도하는 것입니다. 개개인의 이름을 불러 가며 그 아이에게 맞는 기도를 할 때 하나님께서 응답하실 것입니다.

또한 모일 때마다 반의 부흥과 교회의 성장을 위해서 기도하십시오.

전도 대상자를 정해 놓고 기도해야 합니다. 모일 때마다 우리의 기도 대상자가 누구인지를 말하고 그를 위해서 축복하십시오. 그러면 하나님께서 그 기도를 들어주실 것이고 그 아이가 우리 반, 우리 교회에 올 것입니다. 더 나아가 그 아이가 주님을 만날 것이고 하나님의 백성이 될 것입니다. 그렇게 되면 함께 기도한 사람들이 기도 응답의 결과를 맛보면서 하나님께 영광을 돌릴 수 있을 것입니다.

더불어 아이들에게도 축복 기도하는 법을 가르쳐 주십시오. 축복 기도는 서로를 위해서 해야 합니다. 아이들도 교사를 위해서 축복할 수 있습니다.

저는 캠프나 집회가 있을 때마다 교사들을 위한 기도를 따로 진행합니다. 먼저 아이들을 자리에서 일어나라고 한 다음 원을 그리라고 합니다. 그리고는 그 안에 교사들이 들어가 앉으라고 말합니다. "선생님의 어깨에 손을 얹고, 위해서 축복 기도를 하자"고 말하면 처음엔 조금 머뭇거리는 아이들도 있지만 대부분 흔쾌히 교사들에게 다가가서 손을 얹고 기도를 시작합니다.

교사들 안에 있는 하나님, 목사님 안에 있는 하나님이 아이들 안에 있는 하나님과 동일하시기 때문에 아이들도 축복할 수 있고 기도할 수 있는 것입니다. 저는 아이들이 교사들을 위해서 기도할 때에 하나님이 교사들의 마음을 만지시는 것을 많이 보았습니다.

그러므로 함께 기도하십시오. 교사들이 기도하고, 아이들이 기도하고, 연약한 자를 위해서 기도하고, 불신자를 위해서 기도하게끔 하십시오. 기도는 다음 세대에 부흥을 일으키는 중요한 요소입니다.

모일 때마다 기도하고, 흩어졌을 때에도 영혼들을 생각하며 기도하며 중보하십시오. 눈앞의 영혼을 위해서, 내일 만날 영혼들을 위해서, 아직도 예수님을 알지 못하는 영혼들을 위해서, 다음 세대의 영적 부흥을 위해서 기도하십시오. 우리가 기도할 때에 하나님께서 반드시 응답해 주실 것입니다. 우리의 기도가 다음 세대를 살릴 것입니다. 부디 기도하는 교사, 기도하는 교회가 되기를 바랍니다. 그래서 기도로 다음 세대를 세우는 놀라운 역사가 있기를 축복합니다.

02
다음 세대를 살리기 위한 관계

교사는 어떤 사람이어야 할까요?

무엇보다 교사는 아이들을 사랑하는 사람이어야 합니다. 아이들을 사랑하면 그만큼 기도하게 되고 그들을 위해서 준비하게 되기 때문입니다. 아이들에게 관심이 있으면 아이들을 그리스도 앞으로 인도하고 싶은 열망이 생깁니다. 아이들을 사랑하는 그 마음 하나로 모든 것이 결정됩니다.

아이들을 좋아하는 사람은 아이들과 함께 많은 시간을 보냅니다. 반대로 아이들을 향한 관심과 사랑이 식으면 준비와 기도와 열정과 수고가 사라지게 됩니다. 우리가 영혼들을 정말로 사랑한다면, 우리에게 아이들을 주님 앞으로 인도하고 싶은 열망이 있다면, 아이들을 주님 앞으로 인도하기 위한 모든 것들 즉 관계, 물질, 사람, 능력, 은사 등을 하나님이 채워 주실 것입니다. 우리가 무엇에 집중하고 있는가에 따라서 하나님은 모든 여건들을 마련해 주시는 분입니다.

우리는 어떻습니까? 시간이 날 때마다 다음 세대의 지도자인 아이들과 교제하며 나누는 일들을 많이 하고 있습니까? 아이들에 대한 생각을 많이 하고 있습니까? 아이들과 좋은 관계를 맺고 있습니까?

교사와 반 아이들의 관계에 따라 아이들의 성장이 달라집니다. 교사가 아이들과 좋은 관계를 맺고 잘 교제했을 때에만 가르치는 내용이 잘 전달될 수 있습니다. 그렇다면 아이들과의 좋은 관계를 맺기 위해서는 어떻게 해야 할까요? 먼저는 각각의 영혼을 사랑하는 마음이 있어야 합니다. 그러면 한 사람 한 사람의 이름을 불러 가며 기도하게 될 것입니다. 몇 명 되지 않는 영혼들을 사랑하지 못한다면 하나님이 더 많은 영혼들을 보내 주실 리가 없습니다. 그러기에 먼저, 한 영혼 한 영혼을 사랑하는 것이 중요합니다. 부모의 심정으로, 목자의 심정으로, 영혼들을 사랑하는 뜨거운 열망으로 그들을 대해야 합니다.

처음 교사를 시작했을 때를 돌이켜보십시오. 많은 기도와 많은 준비를 하지 않았습니까? 아이들을 사랑하는 마음이 많이 있지 않았습니까? 그런데 많은 경우 시간이 지남에 따라서 영혼 사랑하는 마음이 점점 식어집니다. 기도 시간과 내용과 깊이가 줄어듭니다. 준비하는 시간도 줄어듭니다. 그러다 이런 상태가 심해지면 관심이 없어집니다.

사랑의 반대는 '무관심' 이니까요. 아이들이 교회에 오는지 안 오는지, 이 아이가 예수님을 진정 개인의 구주로 영접하고 있는지 그렇지 않은지, 이 아이가 정말 하나님의 영광을 위해서 멋지게 살아가고 있는지 그렇지 않은지에 대한 관심 자체가 없어지는 것입니다. 참으로 무서운 일입니다.

상황이 이러하다면 어찌해야 할까요? 아이들에 대한 첫사랑을 회복해야 합니다. 그래야 역사가 일어납니다. 처음 교사를 시작했을 때 가졌던 그 마음가짐을 되찾아야 합니다. 어린 영혼들을 향한 뜨거운 열정과 열망이 있어야 합니다. 차라리 아이들을 혼내고 야단치는 것이 더 좋을 수도 있습니다. 아이들을 향한 열정이 없으면 아이들을 나무라지도 않기 때문입니다.

아이들은 선생님들의 눈빛만 봐도 선생님이 자신을 얼마나 사랑하는가를 압니다. 일주일 내내 영혼들을 사랑한 교사, 또 일주일 내내 영혼들을 위해서 관심을 가지고 그들을 품었던 그 교사를 아이들은 신뢰하고 존경하며 인정합니다. 그런 교사를 아이들은 따릅니다.

그렇다면 지금부터 아이들과 함께 대화하고 교제하는 방법을 구체적으로 살펴보겠습니다. 하나님이 사람을 창조하실 때, 귀는 두 개로 입은 한 개로 만드셨습니다. 왜 그러셨을까요? 더욱이 귀는 양쪽에 붙이고 늘 열어 놓으셨습니다. 이와 대조적으로 입은 하나로 만드셨을

뿐 아니라 닫아 놓을 수 있게 만드셨습니다. 듣기는 많이 듣고, 말은 적게 하라고 그러신 게 아닐까요?

하나님의 창조 질서를 보면, 상대방의 말을 들어주는 것이 얼마나 중요한지 알게 됩니다. 그러므로 먼저 잘 듣고, 잘 파악하고, 잘 진단한 후 말을 해야 합니다. 이것이 바로 하나님의 뜻입니다. 하나님의 빛으신 의도입니다.

의사라면 먼저 진단을 정확하게 해야 처방을 잘할 수 있습니다. 그래서 환자에게 이것저것 상태를 물어 보지요. 또 청진기를 통해 우리 몸이 말하는 소리를 듣기도 합니다. 이 의사처럼, 아이들의 말을 들어 주십시오. 아이들의 고민, 그들의 걱정, 근심, 어려움 등을 잘 들어주십시오. 그리고 잘 공감해 주십시오. 아이들의 말을 들어 보지 않으면 그가 무엇을 원하는지, 무엇을 필요로 하는지 알 수 없습니다. 필요를 알 수 없으니 당연히 필요를 채울 수 없게 되어 버립니다. 오직 잘 들어야만 그들을 알 수 있고 그들에게 좋은 처방을 내릴 수 있습니다. 우리 아이들을 주님 앞으로 인도할 수 있습니다.

사람은 누구나 마음에 있는 것을 털어놓기를 원하고 내 말을 들어주는 사람이 있기를 바랍니다. 그러므로 친밀한 관계를 맺고자 한다면 함께 있어 줄 뿐만 아니라 그들의 목소리를 잘 들어주어야만 합니다. 자기 말을 잘 들어주는 이가 없을 때 사람은 심지어 병에 걸리기도 합니다. 또한 잘 들어주기만 해도 병이 낫는 경우도 많습니다. 이처럼 잘 들어줄 때 질병뿐 아니라 영적인 모든 문제와 자라면서 생기는 모든 고민이 풀어집니다.

그러나 많은 어른들, 많은 부모들, 많은 교사들은 아이들에게 많은 말을 하려고만 합니다. 내 말로, 내 지식으로, 내 수준에서 아이들에게 말을 합니다. 하지만 우리 아이들은 자기가 원하는 것에 대해 대화하고 싶어 합니다. 자기가 듣고 싶어 하는 것, 자기가 말하고 싶어 하는 것, 자기의 생각, 자기의 관심을 나누기 원합니다.

아이들의 말을 잘 들어주지 못하면 당연히 대화가 이뤄질 수 없을 것입니다. 요즘은 초등학교 고학년만 되어도 가족과의 대화가 줄어듭니다. 혼자 있기를 좋아하고 컴퓨터 앞에만 계속 앉아 있으려 합니다. 들어주기보다는 먼저 말을 하기 때문에 아이들이 자꾸 혼자만의 세계로 도망치는 것입니다. 이래서는 교제가 되지 않습니다. 커뮤니케이션이 되지 않습니다.

더 큰 문제는 모방의 천재인 아이들이 말을 많이 하는 부모와 교사들을 자연적으로 닮아 간다는 사실입니다. 그래서 커서도 잘 듣는 사람이 아니라 계속해서 말하는 사람이 되고 맙니다. 하지만 모두가 말하기만 하고 듣지 않는다면 그 시대는 어떤 시대가 되겠습니까?

교사 여러분, 부디 아이들의 목소리, 그들의 말, 그들의 필요를 민감하게 들어주십시오. 아이가 교사에게 일상생활의 모든 내용들을 털어

놓고 이야기할 수 있다면 얼마나 좋겠습니까? 우리의 공과 시간이 자유롭게 질문할 수 있고 상담할 수 있고 기도를 부탁할 수 있는 그런 관계의 장이 될 수 있다면 얼마나 좋겠습니까?

함께 교제하는 아름다운 삶, 함께 대화하는 삶이 교회에서 이루어져야 합니다. 아이들의 목소리를 잘 들으라고 말씀하시는 하나님의 음성을 좇을 때, 아이들은 그 교사를 신뢰하고 존경하며 따라갈 것입니다.

무엇보다 이런 관계의 바탕에는 사랑이 있어야 합니다. 교사가 영혼들을 사랑하지 않는다면 이런 아름다운 관계가 형성되지 않습니다. 아이들은 절대로 사랑하지 않는 교사에게 마음속의 고민과 갈등을 털어놓지 않습니다. 상대가 부모여도 마찬가지입니다. 부모가 아이들의 말을 듣지 않을 때, 아이들은 부모에게 마음을 털어놓지 않습니다.

존경 받는 교사가 되기를 원하십니까? 존경 받는 부모가 되기를 원하십니까? 정말 신뢰성 있는 관계 형성을 원하십니까? 그렇다면 아이들에게도 배우려는 자세로 저들을 칭찬하고 격려하며 그들의 목소리를 들어주십시오. 주님의 심정으로 아이들을 사랑하고 관심을 갖고 애정을 표현하십시오. 교사가 저들을 위해서 기도하고 감싸 안을 때 아름다운 관계 형성이 이루어질 것입니다. 이를 통해 그 아이들이 다음 세대의 일꾼들로 세워지는 은혜의 역사가 있을 것입니다.

03
다음 세대를 살리기 위한 목표

　비전이 없는 사람은 성장하거나 부흥하기 어렵습니다. 마찬가지로, 비전이 없는 교회도 성장하기 어렵습니다. 미국 윌로우크릭 커뮤니티 교회의 빌 하이벨스 목사는 눈에 보이는 교회뿐 아니라 눈에 보이지 않는 마음속의 교회도 있다고 말합니다. 먼저 마음속에 있는 이 보이지 않는 교회를 꿈꾸고 생각하고 상상하며 비전을 품을 때, 그 비전이 현실 가운데 이루어지는 것들을 보게 되리라고 이야기합니다. 교회의 부흥을 향한 하나님의 뜨거운 열망을 한번 마음속에 그려 보십시오. 그런 비전을 품고 나갈 때, 하나님께서 우리 현실 가운데 그 꿈을 이루어 주실 것입니다.

　이처럼 비전을 세우는 일은 너무나 중요합니다. 비전을 제시할 수 있는 교회가 성장합니다. 목표를 분명히 정해 놓고 그 목표를 향해서 달려갈 수 있는 교회가 성장합니다.

어린이 사역에서도 마찬가지입니다. 어린이 사역의 비전을 세우는 것이 매우 중요합니다. 양적인 목표와 질적인 목표를 세우고 그 목표를 향해서 달려갈 수 있어야 합니다. 목표란 우리가 나아가기로 한 방향을 가리킵니다. 무언가를 추진함에 있어 열정보다 더 중요한 것, 속도보다도 더 중요한 것이 바로 방향입니다.

특히 지도자는 비전을 제시해 주어야 합니다. 우리 아이들과 교사들이 어디를 향해서 뛰어갈 것인가를 분명히 제시해 주어야 합니다. 이를 위해서는 지도자가 먼저 건강한 목표를 세워야 합니다.

그럼 건강한 목표를 세운다는 것은 어떤 일일까요? 또 건강한 교회란 어떤 교회를 말할까요? 이에 대해서는 여러 가지 이야기를 할 수 있겠습니다만, 목표가 하나로 통일되어 전진하는 교회 공동체야말로 건강한 공동체일 것입니다. 어른의 비전과 아이들의 비전이 통일된 공동체가 바람직한 공동체입니다.

해마다 연말이 되면 많은 목사님들이 내년을 위해 기도하면서 각 교회의 표어와 주제와 비전을 제시합니다. 그런데 가만히 보면 교회학교는 교회 전체의 비전과 따로 가는 경우가 많습니다. 목사님이 교회 전체를 두고 기도하며 세운 그 비전을 우리 아이들도 분명히 알고 동일하게 품는다면 얼마나 좋을까요? 어른의 표어와 아이들의 표어가 일치되는 교회가 건강한 교회라고 말할 수 있을 것입니다. 어른들은 기도를 향해서 나가는데 아이들은 사랑을 추구하고 나간다면 일치가 되지 않는 것입니다.

 우리들이 섬기는 교회는 온 교회 성도가 하나의 목표를 갖고 달려나가는 교회가 되어야 합니다. 이때 구호 자체가 꼭 같지 않아도 괜찮습니다. 단, 어른의 표어와 아이들의 표어가 서로 뜻이 통하고 내용이 같으면 됩니다. 그럴 때 한 교회가 한 목표를 향해서 달려갈 수 있을 것입니다.
 비전이 분명한 사람은 흔들리지 않습니다. 비전이 분명한 사람들이 모인 공동체 역시 흔들리지 않습니다. 우리가 무엇 때문에 모였는지 한번 깊이 생각해 보십시오. 그런 후 목표를 제시할 때, 온 성도가 그를 향해서 달려갈 수 있을 것입니다. 그러므로 교회는 분명한 목표를 세운 뒤에 온 성도들에게 그 실천 방향을 제시해야 합니다. 알고만 있다고 목표가 이루어지는 것이 아니기 때문입니다.
 비전이 같으면 갈등이 없어집니다. 우리가 무엇 때문에 모였는지를 잘 알고 있는 사람들의 공동체, 같은 비전을 갖고 모인 공동체가 건강한 공동체입니다.
 교회의 비전을 함께 공유한다는 것은 교사들이 그 비전에 따른 세부 목표를 가지고 모든 활동을 한다는 것입니다. 찬양을 하고 예배를 드리고 행사를 진행하는 매 순간, 같은 비전과 목표를 향해서 달려 나간다는 뜻입니다. 그럴 때 그 공동체는 강한 힘과 능력을 발휘할 수 있습니다.

이런 원리로 교사는 아이들 각자에게 영적인 목표를 세워 주어야 합니다. 신앙 성장을 위한 목표를 세워 주어야 합니다. '구원의 확신이 없는 누구에게는 이번 달에 구원의 확신을 심어 줘야지. 또 다른 아이에게는 성경적인 마인드를 심어 줘야겠다' 하는 식으로 말입니다. 좋은 교사는 아이들이 지금의 수준에서 더 성숙될 수 있도록 개개인을 향한 영적인 목표를 제시하고 아이들을 위해서 노력하는 교사입니다.

예컨대 인격적인 성숙을 위한 목표를 세울 수도 있습니다. 교회에 오자마자 기도하기, 선생님을 보면 공손히 인사하기, 예배가 끝나고 의자 줄을 맞춘 다음 교회 청소를 하고 집에 가기 등과 같은 것은 인격 성장을 위한 목표입니다. 또한 함께 봉사하기, 성경과 찬송 갖고 다니기, 주중에 친구들과 선생님과 전화하고 교제하기 등을 제시할 수도 있습니다.

더불어 질적인 목표뿐 아니라 양적인 목표도 반드시 있어야 합니다. 예를 들어 지금 50명 나오는 교회라면 내년에는 80명, 하는 식으로 구체적인 목표를 세워야 한다는 것입니다. 그래야 마음속에 "자! 80명을 향해서 나아가자!"라는 비전이 생기게 됩니다. 이때 반별로 목표를 세우는 것도 중요합니다. 제가 사역해 본 경험에 의하면, 한 반에서 한 달에 한 명씩 전도하는 것이 가장 이상적입니다.

양적인 목표를 세웠으면, 그것을 아이들에게도 알려 주어야 합니다. "지금은 5명이지만 이번 달에는 우리가 1명을 전도해서 6명 되기를 원한다" 하는 점을 아이들 모두가 기억하게 하는 것입니다. 그럴 때 6명을 향해서 그 반 전체가 나아가게 될 것입니다.

이때 각자의 전도 대상자를 적게 하는 것도 좋습니다. 누구에게 어떻게 복음을 전할 것인가를 함께 나누고 한 달 내내 합심해서 기도하고 사랑을 베푼다면, 그 반을 통해서 한 명씩 두 명씩 전도되는 놀라운 축복이 있을 것입니다.

비전이 없는 사람은 전도를 하지 않습니다. 각 반의 목표가 세워지면 전체의 목표 또한 세워지지 않겠습니까? 그런 뒤에 한 달 내내 주보에, 또 광고판에다 계속해서 우리의 전도 목표가 몇 명이라는 것을 강조하는 겁니다. 그러면 온 교회가 전도 지향적이 되어 양적인 목표를 달성하려는 열정을 가지고 나아가게 될 것입니다.

우리는 꿈을 가져야 합니다. 아이들을 비롯해 구원 받는 백성이 함께 모여 하나님 앞에 합당한 예배를 드리고 주의 임재를 경험하며 성령 충만해지는 예배를 꿈꿔야 합니다. 우리가 꿈꾸면 그 일은 현실 가운데 반드시 이루어질 것입니다.

　그러므로 목표를 정하십시오. 비전을 제시하십시오. 그리고 비전을 향해서 달려가십시오. 하나님이 아름다운 열매를 우리에게 맺게 하실 것입니다. 이 아름다운 비전 공동체를 통해서 놀라운 부흥이 이루어질 것입니다. 꿈대로 이루어지는 은혜의 역사가 있기를 축복합니다.

04
다음 세대를 살리기 위한 공동체

　교회학교가 더욱더 활성화되고 사역이 힘 있게 전진해 나가기 위해서는 우리의 공동체가 서로 화합하고 하나 되는 아름다운 모임이 되어야 합니다. 그렇다면 어떻게 하면 우리의 공동체가 살아 움직이고 계속해서 부흥할 수 있을까요? 이를 위한 몇 가지 방법을 제안해 보겠습니다.

　우선, 아이들 스스로 반 이름, 조 이름, 팀 이름을 정하게 하기를 제안해 봅니다. '어느 교회 무슨 조다, 무슨 반이다, 무슨 팀이다' 라고 이름을 정하면 아이들은 스스로 강한 소속감을 갖게 됩니다.

　캠프를 할 때마다 아이들에게 조 이름을 짓게 했더니 참 다양한 이름들이 등장했습니다. 사람을 낚는 어부라는 의미의 '어부 조'가 있었고, 어린이를 사랑하고 또 사랑하는 조라는 의미에서 '어사또 조'도 있었습니다. 그리고 성령의 폭발, 전도의 폭발, 사랑의 폭발이 일어나는 조라는 의미를 가진 '폭발 조'도 있었습니다. 이처럼 4학년 1반이나 2반 같은 이름보다 각 반의 특징과 비전을 담은 팀 이름, 조 이름을 정하면 교회학교의 분위기가 달라집니다. 반 전체가 하나 될 수 있는 좋은 계기가 마련됩니다.

아이들 스스로 반 이름과 조 이름을 짓는 데 이어서 그들의 비전, 그들의 사명, 그들의 하나 됨을 이룰 수 있는 구호를 함께 외친다면 더 좋지 않을까 생각합니다. 만약 우리가 사랑 팀이라면 "사랑 팀, 구호 준비! 얍!" 했을 때 함께 "으쌰! 으쌰! 으쌰! 얏~!" 하면서 박수치며 힘차게 구호를 외치는 것입니다. 이렇게 함께하면 그 교회의 일원으로서 소속감을 줄 수 있는 좋은 계기가 마련될 것입니다. 이 구호 속에 그 반의 정체성, 그 반의 비전이 묻어 있기 때문입니다.

전에 한 반이 "구호 준비! 얍!" 이랬더니 모두가 두 손을 번쩍 들고 "예수님 사랑해요~!"라고 외친 적이 있습니다. 정말 단순한 말이지만, 그 아이들의 구호가 가슴 깊이 다가왔습니다. 이렇게 아이들이 고백하고, 선포하고, 시인한다면 실제로 그렇게 될 확률이 더 높아집니다. 그렇게 사랑하겠다는 결심을 목청껏 외치는 것만으로도 훌륭한 교육이 됩니다.

보험 회사에서는 아침에 출근하면 "누구를 만나자, 얼마를 달성하자" 이렇게 구호를 외치면서 자신들의 사명 의식을 고취시킨다고 합니다. 그런 다짐과 외침이 마음가짐을 바꾸기 때문입니다. 마찬가지로 교회에서도 아이들과 함께 반 이름과 반 구호를 정하면 우리 아이들이 공동체 의식을 갖고 하나 됨의 역사를 이루게 될 것입니다.

한편 조가를 함께 부를 수도 있습니다. 아이들이 좋아하는 찬양을 개사해서 조가를 만드는 것입니다. 너무 길거나 느린 노래 말고, 빠른 노래나 짧은 노래 속에 그 반 이름이 들어가도록 개사하면 독특하고 신선한 조가가 탄생합니다. 이 또한 목청껏 함께 노래하는 가운데 좋은 공동체 의식이 생겨 날 것입니다.

더불어 목동 제도도 권하고 싶습니다. 쉽게 말하면 반장 제도입니다. 반장이 그 반을 이끌면서 선생님을 돕고 심부름도 하는 것입니다. 그러면 그 반이 훨씬 활성화됩니다.

요즘은 수줍음이 많이 사라진 시대입니다. 반장을 하고 싶은 사람이 있냐고 물으면 서로 하고 싶다고 말하는 시대입니다. 하고 싶다는 것은 무슨 말입니까? 선생님께 인정받고 싶다는 의사 표시입니다. 교회에서 리더로, 제자로 쓰임 받고 싶은 열망이 그 마음속에 가득하다는 뜻입니다. 이에 아이들을 잘 관찰하고 지켜보면서 그 은사를 생각하여 적절한 일을 맡겨 주면 아이들은 더 열심히 반의 일에 참여할 것입니다. 언젠가 저는 아이들 모두를 임원화한 적도 있었습니다. "너는 목동, 너는 부목동, 너는 찬양부장, 너는 전도부장, 너는 오락부장" 하면서 한 반의 모든 아이들을 임원화한 것이지요. 그러자 아이들이 자부심을 갖고 적극적으로 반 일에 참여하였습니다. 이렇게 해서 전원이 하나 되고 주인의식을 가질 계기를 삼은 것입니다.

아이들에게 임원을 맡기면 참여 의식을 높일 수 있습니다. 그럼으로써 더욱 살아 움직이고 역동적인 반으로 성장할 수 있게 됩니다.

또한 서로에게 짝을 맺어 주는 것도 좋은 방법입니다. 한 달 동안 서로 기도하고 심방하고 연락하면서 짝이 빠지지 않고 참여할 수 있도록 독려하게 하는 것입니다. 이는 아이들에게 사명을 주는 좋은 방법입니다. 왜 짝이 안 오는지 궁금해 하고 연락하고 기도할 수 있는 제도인 것입니다. 이를 통해 아이들은 내가 이번 주, 이번 한 달 동안에 누구를 위해서 기도해야 할지를 알게 됨은 물론 좋은 관계를 맺을 계기를 마련할 수도 있습니다.

한편 은사별 모임도 생각해 볼 수 있습니다. 뮤지컬을 좋아하는 아이라면 뮤지컬로 함께 모이고, 찬양의 은사가 있는 아이들은 찬양으로 함께 모여서 준비하고 연습하며 교제를 나누는 것입니다. 또 아이들을 뽑아서 큐티 모임을 진행하는 것도 좋습니다. 일주일에 한 번씩 만나서 예배드리는 것 이외에 시간을 내어 같은 비전을 가진 친구들이 함께 모여서 서로를 격려하고 세워 주는 것입니다.

이는 아이들의 은사를 계발하는 데도 도움이 됩니다. 그가 더 멋지게 주님을 위해서 쓰임 받을 기회를 제공해 주는 것이 교회와 교사의 역할이니까요. 그들이 마음껏 주님 앞에 쓰임 받고 영광을 드러내면 얼마나 좋을까요? 이처럼 주일예배 이외에 다른 정기적인 모임을 만들어 계속해서 함께한다면 이를 통해서 믿음이 자라나는 계기가 될 수 있을 것입니다.

단, 이런 영성 훈련이나 은사별 모임은 소그룹으로 모여야 좋습니다. 어떤 영성 훈련이나 은사별 모임을 할 때에는 반드시 두 가지의 전제 조건이 있습니다.

첫째, 단기적으로 모여야 합니다. "우리는 10주 코스다. 그래서 우리는 총 몇 번을 모인다"는 정확한 기간을 제시해 주고 아이들이 그에 맞게 몇 시간씩 모일 수 있게 해야 합니다. 또 중간에 한 번은 함께 식사하면서 교제할 수 있는 시간을 정하면 좋습니다.

또 한 가지는 앞서도 말했지만, 많은 인원보다도 소수 인원을 모집해야 합니다. '10주 코스 기도학교' 하는 식으로 1기가 끝나면 또 10주 동안 2기 생을 뽑아서 진행하는 것입니다. 단, 모임을 시작할 때는 꼭 서약서를 쓰십시오. "빠지지 않겠습니다. 내가 계속해서 열심히 노력하겠습니다"라고 약속하게끔 하십시오. 이렇게 할 때 그 교육이 더욱 알차게 진행될 수 있습니다. 단기적으로 소수 인원을 뽑아서 훈련시킨 후에는 크게 축복하며 수료식을 해 주십시오.

아이들이 선생님과 함께 연합하는 경험은 정말로 인생의 축복이 됩니다. 우리 반이 힘이 떨어지고 지쳐 있고 서로 관계가 되지 않으면 사역도 힘차게 전진하기가 어려운 것입니다. 교사들이 시간을 내어 함께 헌신하면서 아이들을 세우고 연합할 때 이 아름다운 공동체가 승리할 것입니다.

그러므로 함께 이름을 정하십시오. 어떤 교회는 여름 성경학교 때만 이를 활용하는데 그럴 필요가 없습니다. 매주마다 해도 됩니다. 구호를 외치고 조가를 부르며 함께 목동들을 세우고 짝을 맺어 주십시오. 은사별 모임, 영성훈련 모임, 찬양학교, 기도학교, 선교학교, 사랑학교, 봉사학교 등을 통해서 그들의 믿음을 세워 주십시오. 이러한 방법들을 통해 반들이 활성화되고 우리의 교회와 다음 세대가 부흥되는 놀라운 축복이 있기를 간절히 소원합니다.

05
다음 세대를 살리기 위한 분반

송정미 씨의 찬양 가운데 이런 가사가 있습니다. "사랑의 나눔 있는 곳에 하나님께서 계시도다." 다시 말해 한 사람 한 사람을 축복하고 품에 안고 사랑해 주는 작은 모임 속에 하나님이 계시다는 것입니다. 그런 모임 속에서 우리 아이들이 주님을 만날 수 있습니다. 주님의 은혜를 경험하고 하나님의 살아 계심을 느낄 수 있게 됩니다. 그러므로 우리의 소그룹, 우리의 분반 공부는 너무너무 중요합니다.

그런데 현실은 어떻습니까? 주일날 교사는 얼마나 바쁩니까? 우선 아침 일찍 와야 합니다. 예배가 끝나자마자 분반공부를 해야 합니다. 성가대를 준비해야 하고, 주일 낮 예배를 드려야 합니다.

이와 반대로 아이들은 교회에 있을 자리가 없습니다. 오후 예배까지 드리는 교회가 점점 줄어들고 있기 때문입니다. 아이들로서는 고민과 갈등을 해결 받을 곳이 없어지고 있는 것입니다. 그런데도 이 귀중한 분반공부 시간을 그냥 흘려보내는 경우가 많으니 참 답답합니다. 분반공부 시간에는 교재를 나가기에도 바쁜 현실입니다.

그렇다면 분반공부 시간을 어떻게 보내는 것이 가장 좋을까요? 저는 분반공부가 4가지 역할을 감당해야 한다고 생각합니다.

첫 번째, 나눔의 시간입니다.

분반공부 시간은 예배 시간을 통해서 들었던 설교 말씀을 함께 나누는 시간입니다. 무엇을 배웠는지 함께 나누다 보면 잘 이해했는가를 확인할 수 있으며 엉뚱하게 알아들은 내용도 드러납니다. 한번 교사들이 어린이들로 하여금 돌아가면서 들었던 설교 내용을 말하게 해 보십시오. 30초를 말하는 친구, 1분을 말하는 친구, 2분을 넘기는 친구, 이렇게 제각각일 것입니다. 이때 3분 이상을 말하는 친구는 거의 없습니다. 아이들의 말을 다 들은 후에는 당일의 설교 내용을 다시 한 번 요약해서 전달하면 좋을 것입니다.

두 번째, 보완과 교정의 시간입니다.

아이들과 함께 나누다 보면 교사가 보완해 주어야 할 부분이 있습니다. 이때 잘 도와주면 아이들에게 큰 유익이 있습니다. 혹시 아이들이 잘못 알아들은 내용이 있다면 교사가 그 부분을 교정해 주어야 합니다. 어릴 때 배웠던 내용은 평생 가기 때문에, 어려서 성경에 대해 올바로 배울 수 있도록 도울 필요가 있습니다.

세 번째, 배운 것을 적용하는 시간입니다.

많은 교사들이 이런 적용의 시간을 굉장히 어려워합니다. 하지만 알고 보면 적용은 어렵지 않습니다. '대상'과 '장소'와 '몸에 붙어 있는 지체'에 연결시키면 쉽게 적용을 이해할 수 있습니다.

'대상'이란 오늘 이 말씀을 적용할 대상, 즉 "누구에게"를 말합니다. 오늘 이 말씀을 누구에게 적용할 것인가를 생각하십시오. 부모에게, 교사에게, 친구에게, 또 다른 누구에게라도 좋습니다.

다음으로 '장소'란 말씀을 적용할 장소, 즉 "어디에서"를 말합니다. 우리는 가정에서, 학원에서, 교회에서, 학교에서 말씀을 적용할 수 있습니다.

마지막으로 '지체'는 눈과 입, 귀, 손, 발, 마음과 생각 등 그 말씀을 어떻게 "무엇에다" 적용할 것인가를 가리킵니다. 또 시간으로 물질로 등 "무엇으로" 적용할 것인가?를 포함합니다. 이렇게 접근하여 함께 고민하고 나누면, 반 아이들과 말씀을 적용할 수 있습니다. 그러면 그 말씀이 우리 아이들의 삶 가운데 들어가게 됩니다.

네 번째, 축복의 시간입니다.

말씀을 적용하고 나누는 한 사람 한 사람을 다음과 같이 축복해 주십시오. "주님, 이 아이가 오늘 이 말씀을 마음에 받고 잘 순종할 수 있게 도와주옵소서. 아무개에게 이러저러한 것을 사용하여 말씀을 적용하고자 합니다. 부디 아름답게 실천하게 하옵소서."

이런 식으로 해서 분반공부 시간이 나누고 교정하고 적용하고 축복하는 시간이 된다면 얼마나 좋겠습니까? 교사는 아이들을 온전하게 세우는 사람이며, 그들을 잘 축복하는 사람입니다. 아이들이 주님을 만날 수 있도록 돕는 사람입니다. 그들의 은사를 계발시켜 주는 사람입니다.

교사가 아이들을 변화시키는 것은 아니지만 함께 모여서 나누고 기도해 줄 수는 있습니다. 그럴 때 하나님께서 치유하시고 회복시켜 주심을 체험할 수 있을 것입니다.

이것이 기본적으로 분반공부에서 해야 할 일입니다. 그러나 분반공부만으로 아이들에 대한 의무를 다했다고 생각하면 안 됩니다. 많은 고민과 갈등, 문제 속에 있는 요즘 아이들에 대한 교육을 주일날 한 번으로 어떻게 다 해결할 수 있겠습니까? 아이들의 고민과 갈등을 함께 이야기하고 나누고 들어주고 그를 축복해 주기까지는 10분, 20분 하는 분반공부 시간이 참 부족합니다.

그래서 교회 밖에서 만나는 것이 중요합니다. 아이들이 어떤 고민과 문제가 있을 때마다 담임교사에게 연락하고 함께 교제할 수 있어야 합니다. 예수님이 그러셨던 것처럼 아이들을 평일에 만나서 그들의 이야기에 귀를 기울여야 합니다.

아이들이 교사들에게 고민을 털어놓을 수 있는 모임들, 마음을 나눌 수 있는 모임들, 자신이 정말로 사랑 받는 존재라고 느낄 수 있는 공동체가 된다면 아이들이 다음 세대에 큰 일꾼으로 세워지는 역사가 있을 것입니다.

06
다음 세대를 살리기 위한 상담

주일예배 같은 대그룹 모임을 통해서 아이들은 능력 가운데 임하시는 하나님을 만납니다. 찬양과 기도와 말씀을 통해서 전능하신 하나님, 크신 하나님에 대해서 경험합니다. 그런데 이런 말씀들이 아이들 개개인에게서 살아 계신 하나님의 말씀으로 잘 적용되려면 한 가지 꼭 필요한 게 있습니다. 그것은 바로 교사와 아이의 일대일 상담입니다.

상담은 매우 중요합니다. 집단적으로 있을 때에는 아이들이 교사들과 친밀해지기도 쉽지 않고 하나님과 아이들의 관계에서도 하나 되기가 쉽지 않습니다. 하지만 일대일의 관계 속에서 교제하고 상담하며 마음을 나눈다면 교사와 아이가 하나 될 수 있으며 또 하나님과 아이가 하나 될 수 있는 좋은 기회가 됩니다.

예배를 통해 들었던 메시지는 일대일의 상담을 통해서 개인화됩니다. 말씀 중에 선포되었던 그 아브라함의 하나님을 나의 하나님으로 받아들이게 됩니다. 많은 사람이 죄인인 동시에 내가 죄인이고, 모든 사람을 사랑하시는 하나님이 나 또한 사랑하시며, 예수 그리스도께서 나의 죄를 위해서 죽으시고 살아나셨기에 내가 그 예수님을 믿어야 한다는 사실을 확신 있게 받아들일 수 있습니다.

아버지가 목사님이고 장로님이고 집사님이라 할지라도 자녀가 개인적으로 주님을 만나야 하나님 앞에서 올바로 설 수 있습니다. 그렇기에 교사들은 아이들을 개인적으로 만나 신앙을 확인하는 일들을 해야 합니다.

다시 강조하지만, 개인 상담은 대단히 중요합니다. 전국을 다니면서 여러 교회의 어린이 집회를 인도해 보면 예배 후 간식이나 선물로 아이들을 유혹하는 것을 봅니다. 물론 선물 공세로 다음 주에 아이들을 교회에 불러올 수도 있습니다. 하지만 그것은 일시적인 효과일 뿐입니다. 아이들이 더 오랫동안 교회에 올 수 있는 때는 하나님이 어떤 분이시고 내가 어떤 존재이며 예수 그리스도가 나를 위해서 어떤 일을 해주셨는지를 정확히 알고 믿고 받아들일 때입니다.

교회에서 하는 상담은 기본적으로 3가지로 나눌 수 있습니다.

그 첫 번째가 구원 상담입니다. 구원 상담은 하나님의 말씀과 성령의 역사를 통해서 아이들이 주님을 자신의 구주로 영접할 수 있는 기회를 제공하는 것입니다. 집회를 하다 보면 우리 아이들뿐만 아니라 어른들 중에서도 예수님을 개인의 구주로 영접하지 않은 영혼들이 너무 많다는 것을 알게 됩니다. 신앙생활을 오래 했음에도 불구하고 예수님을 영접하지 않았다는 사실에 깜짝 놀라기도 합니다.

복음을 증거하고 그 영혼을 초청할 때, 아이들은 그 초청에 반응을 보입니다. 이것은 평상시의 교회생활, 신앙생활을 통해서는 경험할 수 없는 것입니다. 교회에 나온 지 일 년이 지나도 복음을 증거하지 않고 구원의 자리로 초청하지 않으면 주님을 만날 수 없습니다. 제아무리 예배를 잘 드리고 찬송을 많이 알고 성경 말씀을 외운다 할지라도 마음속에 예수 그리스도를 인격적으로 만난 경험이 없다면 그 인생은 안타까울 뿐입니다.

한 번도 하나님 앞에서 가슴을 치며 내가 죄인이라는 사실을 고백하지 못한다면 하나님은 다른 사람의 하나님이고 나의 하나님이 되지 못하는 것입니다. 그러므로 구원 상담은 교회가 해야 할 가장 기본적인 일입니다. 교회가 교회다워지는 일입니다. 따라서 구원 상담은 반드시 가장 우선적으로 해야 하는 중요한 상담입니다.

모든 교사는 구원 상담을 할 수 있어야 합니다. 우리가 정말 살아 계신 하나님을 믿고 있으며 신앙이 가장 중요하다고 생각한다면 우리 아이들에게 구원 상담을 할 줄 알아야 되지 않겠습니까?

예수님의 십자가 사건이 정말 나의 사건이 될 때 그 인생의 앞길이 열릴 것입니다. 특별히 사순절 기간을 보내고 고난 주간과 부활 주일을 앞둔 시점에, 예수님의 부활이 자신의 부활이 되고 예수님의 고난을 아이들이 피부로 경험하고 느낄 수 있는 기회를 마련한다면 얼마나 감동스럽겠습니까? 요컨대 구원 상담은 교회가 해야 할 마땅한 일이자 교사의 당연한 책무입니다.

두 번째는 헌신 상담입니다. 헌신 상담은 아이들이 자신의 생애를 주 앞에 헌신할 수 있도록 돕는 것입니다. 구원 상담처럼 내 생애를 주님 앞에 드리는 것이지요. 이 땅에 우연히 태어난 사람은 한 사람도 없습니다. 모든 사람이 하나님의 섭리와 뜻과 목적과 계획 하에 태어납니다. 하나님이 우리를 지으셨습니다. 만드셨습니다. 그분이 우리를 십자가 보혈의 피로 우리를 구속해 주셨습니다. 그러므로 우리는 우리의 것이 아니라 하나님의 것입니다.

그렇기에 우리는 자기 자신을 위해서가 아니라 하나님의 영광을 위해 살아가야 합니다. 고린도전서 6장 19-20절은 이렇게 말씀하고 있습니다.

> 너희 몸은 너희가 하나님께로부터 받은 바 너희 가운데 계신 성령의 전인 줄을 알지 못하느냐 너희는 너희 자신의 것이 아니라 값으로 산

것이 되었으니 그런즉 너희 몸으로 하나님께 영광을 돌리라.

이처럼 성경은 우리의 몸을 하나님께로부터 받았다고 말합니다. 그리고 예수님을 모신 사람들은 그들의 몸이 성령의 전이자 거룩한 몸이라고 말씀합니다. 더 나아가서 우리는 우리의 것이 아니라 주님의 핏값으로 하나님께서 사신 몸이라고 말합니다.

그렇기 때문에 우리는 우리의 몸을 통해 하나님께 영광을 돌려야 합니다. 헌신된 사람은 하나님을 위해 살아갈 수 있습니다. 그는 자신을 위해 살지 않습니다. 왜냐하면 자신이 하나님의 것임을 인식하므로 하나님께 영광을 돌리며 말씀에 비추어 자신의 생애를 살아가기 때문입니다.

로마서 12장 1절도 이렇게 말씀하십니다. "그러므로 형제들아 내가 하나님의 모든 자비하심으로 너희를 권하노니 너희 몸을 하나님이 기뻐하시는 거룩한 산 제물로 드리라 이는 너희가 드릴 영적 예배니라." 이것이 바로 주님께서 구원 받은 백성들에게 하시는 말씀입니다. 십자가 사건을 알고 하나님의 살아 계심을 아는 사람, 나를 향한 하나님의 뜨거운 사랑과 그 사랑 때문에 예수 그리스도를 이 땅에 보내신 사건을 깊이 이해할 수 있는 사람이라면 마땅히 자기 몸을 하나님이 기뻐하시는 거룩한 산 제물로 드리라는 말씀입니다.

이것이 바로 우리가 드릴 영적 예배입니다. 주님 앞에 몸과 마음을 드린 사람은 나를 위해 살지 않습니다. 그는 주님을 위해 살아갑니다. 바로 이런 사람에게 하나님은 "너희는 이 세대를 본받지 말고 오직 마음을 새롭게 함으로 변화를 받아 하나님의 선하시고 기뻐하시고 온전하신 뜻이 무엇인지 분별하도록 하라"고 권고하십니다. 이 세대를 본받지 않고 새롭게 변화를 받아서 하나님께서 기뻐하시는 대로 살아가는 것, 이것이 바로 헌신된 삶의 모습입니다. 우리 모두는 아이들이 이러한 헌신을 할 수 있도록 도와야 합니다. 그것이 우리 교사들이 할 일입니다. 그 역할이 곧 헌신 상담인 것입니다.

　주께서 내가 어떤 사람이 되기를 원하시는지, 무엇을 위해서 나를 쓰시기 원하시는지를 깨닫고 주님 앞에 내 삶을 바치며 나아갈 때 하나님께서 우리의 주인 되시고 왕 되셔서 우리 인생을 아름답게 이끄실 것입니다. 그로 말미암아 하나님이 영광 받으실 것입니다.

　헌신한 사람은 하나님께 영광을 돌리며, 세상을 따라가거나 이 세대를 본받지 않고 하나님의 뜻을 향해서 나아갑니다. 우리를 통해 상담을 받았던 그 수많은 아이들이 다음과 같이 고백하기를 소망합니다. "내가 하나님의 영광을 위해 살겠습니다. 내가 주님의 기쁨이 되어 살겠습니다. 내 몸을 드리겠습니다. 경찰을 하든, 의사를 하든, 변호사를 하든 하나님의 영광을 위해서 살겠습니다." 우리 아이들이 이런 비전과 목적을 가질 수 있도록 교사들은 헌신 상담을 잘 준비해야 합니다.

세 번째는 생활 상담입니다. 삶 속에서 우리는 예수 그리스도를 믿고 헌신된 모습으로 살아감에도 불구하고 반복하여 죄를 짓고 실수합니다. 많은 아이들도 예수님을 믿지만 나쁜 버릇과 옛 습관들을 고치지 못한 채 살아갑니다. 그렇기에 교사는 생활 현장 속에서 상담하는 가운데 아이들이 어떻게 살아가야 하는지를 제시해 줘야 합니다.

거짓말하는 아이들, 도벽이 있는 아이들, 예수님을 깊이 있게 믿지 못하는 아이들, 욕하는 아이들, 싸우는 아이들, 또 시기하고 미워하고 질투하는 아이들의 생활을 승리의 나날로 바꿔 줘야 합니다. 저는 때때로 성경에 나오는 인물들이나 사건들을 통해 아이들의 상황을 설명하면서 그들이 승리하는 비결을 찾을 수 있게 도와줍니다.

다윗도 얼마나 큰 죄를 지었습니까? 바울도 예수님을 믿기 전에 얼마나 많은 죄를 지으며 살았습니까? 그럼에도 불구하고 그들이 승리했으며 그 승리의 비결들이 하나님 말씀 속에 기록되어 있습니다. 이런 이야기를 해 주면서 아이들이 말씀을 거울삼아 자신들의 삶을 고칠 수 있게 도와야 합니다. 이것이 바로 아이들이 승리할 수 있도록 돕는 생활 상담입니다.

사랑하는 교사 여러분, 여러분은 모두 아이들과 일대일로 만남의 교제를 깊이 나누어야 합니다. 그럴 때 그 아이가 자신의 주인으로 하나님을 모실 수 있고 그분을 위해서 살아갈 수 있습니다. 이를 위해 우리는 구원 상담과 헌신 상담, 생활 승리 상담을 잘하는 교사가 되어야 합니다. 그래야 우리 아이들로 하여금 정말 주님과 동행할 수 있고 그 하나님을 인격적으로 모시고 그분과 함께 멋지게 인생을 살아갈 수 있도록 도울 것입니다.

기성세대가 다음 세대를 잘 섬길 때, 다음 세대는 이전보다 더욱 아름답고 견고한 영을 지닌 주님의 제자로서 큰 부흥의 역사를 체험하게 될 것입니다.

/ 에필로그
교사여 일어나라!

요셉은 무성한 가지 곧 샘 곁의 무성한 가지라 그 가지가 담을 넘었도다 활 쏘는 자가 그를 학대하며 적개심을 가지고 그를 쏘았으나 요셉의 활은 도리어 굳세며 그의 팔은 힘이 있으니 이는 야곱의 전능자 이스라엘의 반석인 목자의 손을 힘입음이라 네 아버지의 하나님께로 말미암나니 그가 너를 도우실 것이요 전능자로 말미암나니 그가 네게 복을 주실 것이라 위로 하늘의 복과 아래로 깊은 샘의 복과 젖먹이는 복과 태의 복이리로다 네 아버지의 축복이 내 선조의 축복보다 나아서 영원한 산이 한없음같이 이 축복이 요셉의 머리로 돌아오며 그 형제 중 뛰어난 자의 정수리로 돌아오리로다(창 49:22-26).

오늘도 현장에서 주님 나라의 확장을 위하여 아이들을 만나는 교사들에게 박수를 보냅니다. 그중에는 주님을 사랑하는 마음으로 교회와 다음 세대를 더 잘 섬기고 싶지만 뜻대로 잘 되지 않아 거룩한 부담감으로 괴로워하는 분들도 있을 것입니다.

만약 그렇다면 주님이 우리를 사랑하신다는 것을 기억하십시오. 교사인 당신은 소중한 사람입니다. 교사의 직분은 하나님 나라의 직분이며 하나님께서 직접 세우신 직분입니다. 그 어떤 직분과도 바꿀 수 없는 영광스러운 직분입니다. 그러니 포기하지 마십시오. 결코 포기하면 안 됩니다.

교사, 이 직분은 너무나도 가치 있고 의미 있는 일입니다. 교사는 자신을 성장시키고 변화시키는 일이자 후회 없는 인생을 가능케 하는 직분입니다. 한 번 교사는 영원한 교사라는 말이 있을 정도입니다. 정말로 충성된 교사로 인하여 다음 세대가 변화되고 교회도 부흥되지 않습니까? 당신의 섬김으로 세상을 변화시킬 위대한 하나님의 리더가 세워지고 있음을 기억하기 바랍니다.

 제가 다음 세대를 전도하고 교육하면서 깨달은 사실은 가르치고 지도하는 교사 자신에게 가장 큰 축복이 임한다는 것입니다. 내가 만약 다음 세대를 섬기는 교사의 일을 하지 않았다면 지금까지 신앙을 유지하며 주님을 위해 쓰임 받으면서 살 수 있었을까요?
 아마 주일예배 정도만 드리는 신앙인으로 살아갈 수도 있었을 것입니다. 그나마 다음 세대에 대한 거룩한 부담감을 가지고 있었기에 성경을 읽게 되고 기도를 하며 부지런히 움직였던 것입니다. 그로 인해 교육 받고 훈련 받음으로써 저의 신앙이 성숙해질 수 있었습니다.

 교사가 잘 준비되면 다음 세대가 믿음과 소망 가운데 굳건히 세워집니다. 반대로 교사가 준비되지 못하면 그를 만나 가르침을 받는 많은 영혼들이 예수님을 만나지 못하며 성장하지도 못하게 됩니다. 요컨대 교사가 살아야 다음 세대가 살 수 있는 것입니다.

지금 당신은 힘을 잃었습니까? 혹시 그렇다면 당신을 통해 일하기 원하시는 주님의 마음이 아픕니다. 또 다음 세대는 방향과 비전, 모델을 잃어버리고 말 것입니다. 그렇게 되면 다음 세대에겐 소망이 없습니다. 부디 힘을 내어 일어서십시오. 당신은 주저앉아 있을 사람이 아닙니다.

이 책을 통해 하나님께서 당신에게 주시는 음성을 들었다면 지금 결단해야 합니다. 다음 세대를 향한 당신의 마음이 뜨거워졌다면 반응해야 하고 영혼들을 위해 눈물로 기도해야 합니다. 교회학교를 향한 비전에 날개를 달고 다음 세대를 위해 일어납시다.

좋은 책을 쓰는 것은 평생 살아도 쉽지 않은 일입니다. 하지만 현장 사역을 바탕으로 주님께서 지금까지 주신 은혜를 나누고자 했기에 용기를 내어 이 책을 쓰게 되었습니다. 부디 이 책이 교사 여러분들에게 도움이 되어 교회 현장에서 다음 세대를 살리고 그 다음 세대에게 부흥의 유산을 물려주는 은혜가 있기를 소망합니다.

여러분의 교회에서 부흥의 기쁜 소리가 들려오기를 기대합니다. 그러하기를 진심으로 응원하며 기도하겠습니다. 이 시대와 다음 세대를 책임지는 모든 교사들을 사랑하고 축복합니다.

사명선언문

너희가 흠이 없고 순전하여……세상에서 그들 가운데 빛들로
나타내며 생명의 말씀을 밝혀 _ 빌 2:15-16

1. 생명을 담겠습니다
만드는 책에 주님 주신 생명을 담겠습니다.
그 책으로 복음을 선포하겠습니다.

2. 말씀을 밝히겠습니다
생명의 근본은 말씀입니다.
말씀을 밝혀 성도와 교회의 성장을 돕겠습니다.

3. 빛이 되겠습니다
시대와 영혼의 어두움을 밝혀 주님 앞으로 이끄는
빛이 되는 책을 만들겠습니다.

4. 순전히 행하겠습니다
책을 만들고 전하는 일과 경영하는 일에 부끄러움이 없는
정직함으로 행하겠습니다.

5. 끝까지 전파하겠습니다
모든 사람에게, 땅 끝까지, 주님 오시는 그날까지
복음을 전하는 사명을 다하겠습니다.

서점 안내

광화문점 서울시 종로구 새문안로 69 구세군회관 1층
02)737-2288 / 02)737-4623(F)

강남점 서울시 서초구 신반포로 177 반포쇼핑타운 3동 2층
02)595-1211 / 02)595-3549(F)

구로점 서울시 동작구 시흥대로 602, 3층 302호
02)858-8744 / 02)838-0653(F)

노원점 서울시 노원구 동일로 1366 삼봉빌딩 지하 1층
02)938-7979 / 02)3391-6169(F)

일산점 경기도 고양시 일산서구 중앙로 1391 레이크타운 지하 1층
031)916-8787 / 031)916-8788(F)

의정부점 경기도 의정부시 청사로47번길 12 성산타워 3층
031)845-0600 / 031)852-6930(F)

인터넷서점 www.lifebook.co.kr